高高山頂立　深深海底行
gaogaosky.com

唐伯虎画传

他在繁华中独自前行

陈书良　著

天地出版社 | TIANDI PRESS

图书在版编目（CIP）数据

唐伯虎画传：他在繁华中独自前行 / 陈书良著 . —
成都：天地出版社，2019.1
ISBN 978-7-5455-4106-9

Ⅰ . ①唐… Ⅱ . ①陈… Ⅲ . ①唐寅（1470-1523）—

传记—画册 Ⅳ . ① K825.72-64

中国版本图书馆 CIP 数据核字（2018）第 189718 号

唐伯虎画传：他在繁华中独自前行

TANGBOHU HUAZHUAN: TA ZAI FANHUA ZHONG DUZI QIANXING

出 品 人	杨　政
著　者	陈书良
责任编辑	陈文龙
装帧设计	高高国际
责任印制	葛红梅

出版发行　天地出版社
　　　　　（成都市槐树街2号　邮政编码：610014）
网　　址　http://www.tiandiph.com
　　　　　http://www.天地出版社.com
电子邮箱　tiandicbs@vip.163.com
经　　销　新华文轩出版传媒股份有限公司

印　　刷　北京文昌阁彩色印刷有限责任公司
版　　次　2019年1月第1版
印　　次　2019年1月第1次印刷
成品尺寸　170mm×230mm　1/16
印　　张　16.5
字　　数　205千
定　　价　68.00元
书　　号　ISBN 978-7-5455-4106-9

笑舞狂歌五十年，

花中行乐月中眠。

漫劳海内传名字，

谁论腰间缺酒钱。

唐寅 | 山水图 局部

醉舞狂歌五十年 花中行樂
月中眠 漫勞海內傳名字 誰
信腰間沒酒錢 書畫膏來自懇
謾學者眾人疑道是神仙
此頃做得工夫處不損胷前
出天 與西洲別幾三十年
偶爾見過因書鄙作等
圖請教 病中珠無佳
興草草見意而已
友生唐寅

唐寅 | 嫦娥执桂图 局部

藕畫臺唐寅

唐寅 | 悟阳子养生图

新霞蒸樹曉光濃歲、
年、二月中香雪一庭
春夢短天涯人遠意
似、

吳郡唐寅

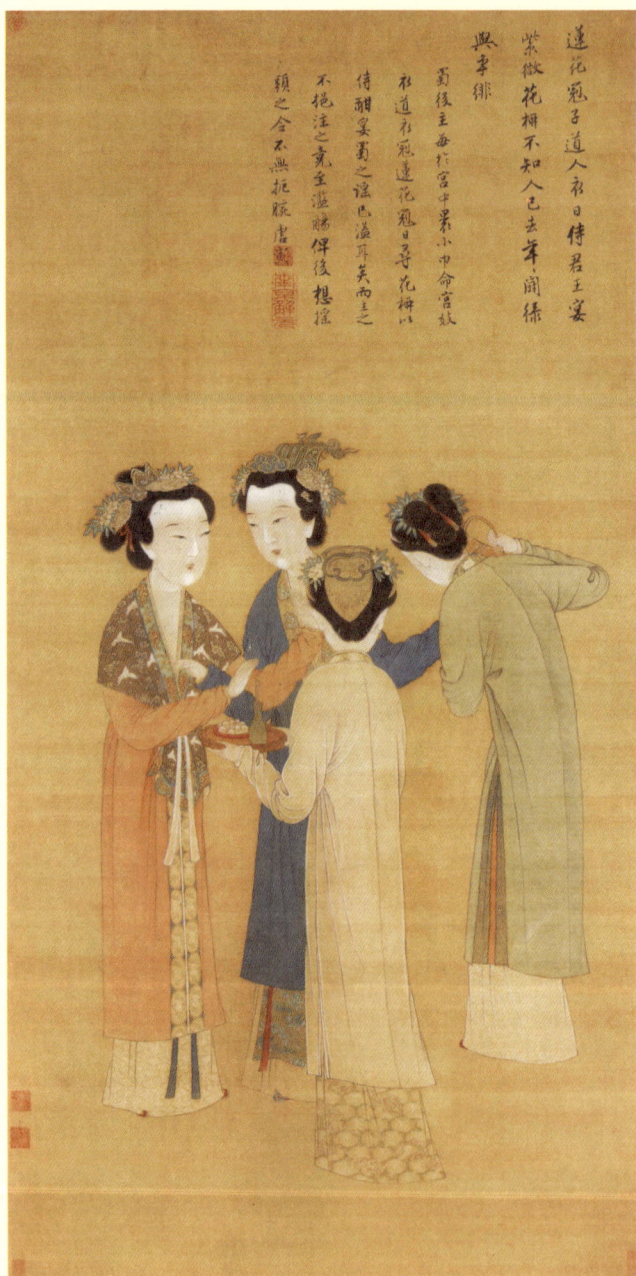

蓮花冠子道人衣祗曰侍君王宴
紫微花榭不知人已去年間絲

興事緋

蜀後主每於宮中裏小巾命宮妓
不道衣冠蓮花冠日尋花柳以
侍酣宴蜀之謠思溢耳失而之
不揠注之竟至滋賸俾後想搖
顆之令不典掖院唐寅

唐寅 — 王蜀宮妓圖

唐寅 | 高山奇树图

刹那断送十分春富
贵园林一洗贫借问
牧童应没酒试尝梅子
又生仁若为赖舞欺

唐寅 |《落花诗》

序
法眼文心百世通

李湘树

一

唐伯虎是真正的异类。

他是文章巨擘，也是风流魁首，是才情横溢的诗文大家，造诣全面的书画家，放言谠论的清谈家，足迹遍布江南的旅行家，同时又是放荡不羁的浪荡子，牡丹花下死的风流鬼。尤其风流韵事，漫传海内，所谓"慷慨激烈，悲歌风雅，眼底世情，腹中心事"，惹得四百年来，议论蜂起。民间捧他为情圣，正史对他却保持着矜持，好像多花了一点笔墨，就与"低俗"牵扯上了关系。因此，如何评述唐伯虎，成了考验后代艺术史家"文心""诗眼"所在的焦点。

书良兄此著，在这里翻了一个大案。

"桃花坞，桃花坞，中有狂生唐伯虎"，敢于浓墨重彩极写唐伯虎行世不羁，才情浪漫，并对其风流潇洒做出正面评价，是陈著的最大特色。

"头插花枝手把杯，听罢歌童看舞女。食色性也古人言，今人乃以

1

为之耻。及至心中与口中，多少欺人没天理。"唐伯虎《焚香默坐歌》中这几句诗，是唐氏的人生宣言，也是才子的个性禀告。在这种宣言和禀告的正面宣示下，陈著把唐伯虎"绮罗队里挥金客，红粉丛中夺锦人"的生活写得摇曳生姿。在他人的避讳处着墨，这是法眼，是智慧，也是百世相通的文心。

作为叛逆传统的浪漫文人，唐伯虎桃花坞里放浪形骸的生活，无非两点：一是肆意畅饮，杯觥交错，长啸高谈，然后在酩酊大醉中，乘醺然醉意，作超尘脱俗的精神追求，吟诗作画。这种起源于兰亭的"一觞一咏"，正是江南文士特产。作为文史研究专家，作者从伯虎诗文笔记中钩稽出真实记载的画面：江南细雨，仆人着烟蓑雨笠，持请帖请客，然后主客蕉窗听雨，剥蟹饮酒，作诗论画，座中有村学究，有老和尚。筵散夜深，"夹堤灯火掉船回"……或是面对桃花坞千树万树红灼灼的桃花，或呼朋唤友醉卧花下，或面对落英缤纷，引小僮细拾花瓣，对花流泪，感时惊心，葬于药栏之畔，然后大家醉写《落花诗》。"春尽愁中与病中，花枝遭雨又遭风。鬓边旧白添新白，树底深红换浅红……"就在这样的对景生情、寻欢作乐中，他们进行艺术创作。这是一群新型市民艺术家，前代文人画家在安静的书斋画案作画的环境与他们无缘，他们习惯在酒酣耳热、狂呼高啸之际乘兴挥毫，或几人合作，或互相题跋，醺然醉意有助于思想出格，腕指出奇，勾勒间令人神往。

桃花坞生涯的第二件事就是和女人的过从交往。旧时代的文人士子常常在酒筵歌席与歌儿舞女檀板丝弦，酬酢过从，在放浪形骸中，满足醉生梦死的淫欲，排遣颓唐消沉的情绪。这曾被认为是色调偏灰的"时尚"。但作者认为它正当。作者力拨沉冗地指出："明中叶以后，由于资本主义的萌芽和发展，出现了一股注重人的自然要求，并在某种程度上轻视有关封建道德的思潮，肯定情欲、追求个性的呼声犹如石破天惊，风靡全国，响应四方……在这种摧枯拉朽的性放纵的快感和满足中，人们惊讶地发现了人类的天性，一种无法抑止的天性；发现了人自身的价值，一种无可替代的价值。"于是，作者就敢于不为贤者讳，直写唐伯虎诸人的声色之乐，写得那么诗情画意，写得那么直白入魂。

如狎妓的"山塘竞渡"：画船箫鼓，云集纷来，观者倾城，鬓影衣香，雾迷十里，妓女购楼台于近水，整几案于窗边。春秋佳日，妆罢登舟，极富烟波容与之趣。一到天暮，则系缆登楼，灯烛饮宴，宛如闺阁，卧榻缠绵，回味悠长。"明日河桥重回首，月明千里故人遥。"作者还援引唐伯虎《排歌》中毫无顾忌直写三寸金莲在男女交欢时扮演的"举足轻重"的角色："第一娇娃，金莲最佳，看凤头一对堪夸。新荷脱瓣月生芽，尖瘦纤柔满面花……"枕畔风情，描绘得淋漓尽致。

一笑二笑连三笑，唐伯虎的灵魂上九霄。无独有偶，与唐伯虎同时代的意大利画家波堤切利，差不多同时绘出的油画《春》和《维纳斯的诞生》，以分外直白挑逗的肉感描绘，却预告了一个挑战中世纪禁欲主义神学的文艺复兴时代的到来，开创了人类理性新世纪。两个对照，款曲暗通，可惜我们对唐伯虎的赞扬吝啬了一点。陈著在这里真有拨乱反正之效。

二

唐伯虎才高八斗，气冲斗牛，和妓女为伍，与和尚说禅，寻芳猎艳，叛道离经，自由自在，放浪不驯，封建卫道士自然要皱眉头吐舌头。探讨唐伯虎这一叛逆心性何所由来，是陈著另一特色。

唐伯虎为得风气之先者。明中叶资本主义经济在苏州地区迅速发展，儒教礼制逐渐被冷落，这种思想解放的局面带来了人的觉醒。唐伯虎出身于小商人家庭，最早感受了这种流风的浸润。此外，传统士大夫阶层的狂士性格，从他之前"纵酒昏酣，遗落世事"的阮籍、嵇康，他之后狂悍自残的徐青藤，"归奇顾狂"的归庄、顾炎武，以至狂歌当哭的金圣叹，真可谓叛逆心性，一脉相承。

养成伯虎心性的还有他的个人遭际。唐伯虎才高气傲，本就"愚顽不读文章"，好古文而远经义，虽经不住"名不显时心不朽，再挑灯火看文章"的名利诱惑，读经赶考，且高中解元，名震天下，但迅即卷入科场舞弊案而身陷牢狱，彻底断绝了功名仕进之想。

淡泊无心，天性使然是唐伯虎心性自在的源头。他有首诗："十朝风雨苦昏迷，八口妻孥并告饥。信是老天真戏我，无人来买扇头诗。"记录了他晚年真实的人生。唐伯虎并不如我们想象的富足，晚境寂寞清贫。长期以来，人品、艺品的平衡木，让艺术家走得太累。唐伯虎的可贵在于遭受许多困苦坎坷而潇洒依旧。他留给后世的不是辛酸的眼泪，而是俊逸的微笑——一个索性从人品、艺品的平衡木上跳下来，醉卧在桃花坞中的真正的艺术家的微笑。唐伯虎的人生及其态度，渗透了佛门"四圣谛"之一的八苦：生苦、老苦、病苦、死苦、怨憎会苦、爱别离苦、求不得苦、五盛阴苦。离苦而得乐，折射出洒脱睿智之光。这种唐伯虎风情充满了禅学的魅力，它与"乐圣"贝多芬情感的动人本质有相通之处。贝多芬一生磨难，双耳失聪，却创作出惊世经典，尽管他听不到那令人陶醉的音符和雷鸣般的知音掌声。他说："在天堂，我能听到一切声音。"心灵分外平静。唐解元的微笑风流，就有这样一种醇实内涵。在他身上，禅学、美女、文章、丹青交织融合。文徵明有诗评他道："居士高情点笔中，依然水墨见春风。前身应是无尘染，一笑能令色相空。"这是由土木形骸包裹的冰雪精神，是唐伯虎心性的厚度所在。舍此，惊世骇俗的风流就真是"轻薄桃花逐水流"了。

百代之后，地下的伯虎可曾听到人间文心融通的知音否？

三

粉墨皮黄敷演着唐伯虎的绝世传奇。作者在摩挲民族古籍的生涯中发现唐伯虎像苏东坡、徐青藤、郑板桥一样，是中国历史上为数不多具有多面性天才的人物，他们都才华盖世，是少见的诗、书、画通才，却都是未能见容于当世的狷介疏检之士。他们的感情和理智经常失去平衡，大都招致物议甚至牵陷灾狱，更重要的是，他们都是中国民间顶礼膜拜的大才子真英雄。没有什么人有唐伯虎这样多的勾栏瓦舍的传奇弹唱，没有什么人有唐伯虎这样多的闾巷乐道的故事传说。放下穷研经史子集灰尘的千钧之笔，俯身于民间的评话、弹词、小说、杂剧、传说、故事、笔记中钩稽一个活脱脱的唐伯虎，是陈著的最大特色。就像书良兄顶礼膜拜的陈寅恪前辈，从弹词评话里写出一本皇皇巨著《柳如是别传》一样，一个是从评弹曲艺里直接塑造震烁古今的名妓，一个是从故事传说里款款站立、风流盖世的才子，眼光的惊人相似，显现了同样对民族古籍烂然于心的摩挲后，敢于直面糟粕与精华并做出抉择取舍的功力匠心。

沉吟聆听盛况空前的虎丘山曲会，徘徊月落乌啼、渔火闪烁的枫桥，醉卧沥沥春雨轻敲篷舱的太湖画舫，狂呼豪饮、市楼栉比的金阊银胥……只能崛起这样属于民间的市民艺术家；同样，在一河脂粉、两岸笙歌、山温水软、风月撩人的秦淮河，在水波荡漾、游船数百、清曲丽词、十番锣鼓、桨声灯影、声光缭乱中，在豪迈者令人吐气扬眉、凄婉者足以销魂落魄、知音者酒阑倾慕再三的勾栏买醉画舫逐春里，也只能崛起这样鼓荡底层脉动的市民艺术家。这一环境中崛起的市民艺术家，也一定要靠带着历史信风气息和当年吴侬软语声调的曲艺弹词，靠带着曲巷百姓口耳相传的故事传说来添枝加叶、溢彩流光，才能血肉丰满，风采卓然，神韵特出。正如书良兄在书中征引并赞同的邵毅平先生所指出的："唐伯虎一生的主要意义，在于他敢于坦率地追求一种更为自由、更为真诚的生活，他已经达到了封建时代中只有很少数知识分子才能达到的精神高度，至于他的功名是否大，著作是否多，诗画是否工，那都是次要的问题了。"作者所要勾画的正是民间激赏的一代士人对自由的狂热向往，是其灵魂的欣悦和心智的快意，这是其书画文章不可比拟的宝藏。我以为，这才是陈著的最大价值。正由于此，读者诸君勿以休闲书视之，勿以狎邪书视之，则幸甚！

　　沧海桑田，岁月轮回。当年唐伯虎鄙夷的科举功名、礼教羁绊，又换了一个方式在我们这个社会的潜隐血脉中冲撞奔流。翻读此书，青年朋友们定能从陈寅恪、陈书良辈们惨淡的文心法眼中，去感受中国文化的真正价值所在。

目　录

序　法眼文心百世通 李湘树 / 1

第一章　唐解元 / 1

第二章　少年意气 / 15

第三章　乡　试 / 45

第四章　科场冤狱 / 81

第五章　桃花坞 / 103

第六章　三笑传说 / 149

第七章　宁王府 / 167

第八章　六如居士 / 181

附录　唐伯虎诗文选 / 203

明解元唐公寅

于国冤錮
袍以智免
大節不奪
巍傳猶淺

第一章　唐解元

我问你是谁？你原来是我；我本不认你，你却要认我。噫！我少不得你，你却少得我；你我百年后，有你没了我。

——《伯虎自赞》

林语堂先生在他的杰作《苏东坡传》中曾精辟地说过："认不认识一个人不在于和他同一年代，这是共鸣了解的问题。毕竟我们只认识自己真正了解的人，而且只对自己真正喜欢的人才能充分了解。"（林语堂《苏东坡传》第一章）我以为，这段话完全适合我对唐伯虎的认识。我总觉得，较之周围那些用虚伪和谎言层层包裹的人，五百多年前的唐伯虎还容易了解得多。当然，这是在我通读了他的六卷诗文集，并尽可能多地欣赏了他的绘画、书法及印章之后达成的认识。当然，这种认识有感性成分、理性成分；此外，还有一些很微妙的属于精神层面的东西。其实，类似的认识古人早已说过。稍晚于唐伯虎的晚明文坛领袖袁中郎就说：

> 吴人有唐子畏者，才子也；以文名，亦不专以文名。余为吴令，虽不同时，是亦当写治生帖子者矣。余昔未治其人，而今治其文。大都子畏诗文，不足以尽子畏，而可以见子畏。

（袁宏道《唐伯虎全集序》）

　　"治生"是流传于晚明的下属对上司的自称，帖子即现今的名片。当时担任吴县县令的袁中郎向往着携带治生帖子去拜访唐伯虎，当然觉得伯虎是一个真切的活生生的存在。他承认这种感觉从伯虎的诗文来，语句中流露出但恨生不同时的遗憾。明末还有一位雷起剑，他在暮春时节与朋友泛舟横塘，在野水杂树间发现了唐伯虎的葬地，牛羊践踏，满目荒凉。雷起剑不禁凄然而叹：

　　　是朋友之罪也！千载下读伯虎之文者皆其友，何必时与并乎？（见《苏州府志》）

　　于是他与几个朋友集资修建了唐伯虎墓、祠，并且"勒石以遗千古之有心者"。好一个"千载下读伯虎之文者皆其友"！事实上，搜寻杰出的古人的诗文去读的人，当然希冀与古之贤哲英豪为友；而一旦读了其诗其文，更觉得其人可亲可敬，可歌可泣，栩栩如生，呼之欲出了。这就叫作"神交古人"。我曾为自己的书斋"听涛馆"自撰过一副联语：镇日观书，历万里关河，千秋人物；片时倚枕，对一窗残月，四壁虫声。也是在做神交古人的梦呓。

　　我觉得唐伯虎独特的人格比任何一位明代文人都突出，在整个中国封建文人长长的队列中，也是给人印象最深刻，最能引起写作冲动的。究其原因，主要有三。其一，他才气过人，风流倜傥，放浪形骸，诗酒自娱，自称"江南第一风流才子"。他的诗名风采，丹青墨色，照耀江南，人人仰慕。在此基础上形成的大量传说，更无异于给这位才子笼罩了瑰丽的光环。诸如评话有《唐解元一笑姻缘》，弹词有《笑中缘》、吴信天《三笑》、曹春江《九美图》，小说有冯梦龙《警世通言》卷二十六《唐解元一笑姻缘》，杂剧有孟称舜《花前一笑》、卓人月《花舫缘》、史槃《苏台奇遇》等等，更有电影《三笑》，曾一度风靡海峡两岸。幼年的我就是首先在这些通俗作品中接触到这位江南才子的。在这些作品中，同样是追求幸福的爱情，唐伯虎不像以前《西厢记》中的张生那样，借住西厢，赠诗酬简，望梅止渴，遮遮掩掩，而是"色胆包天"，主动出击，积极追求，即使采取反常背俗的手段也在所不辞，甚至以为越反常背俗，越能显示才子特殊的本色。尽管这些通俗作品失之无据，甚至荒诞不经，但是，较之文人的之乎者也，它们反而是符合唐伯虎的精神风貌的。有一次，他在一幅陶穀画像上题诗云：

信宿因缘逆旅中，短词聊尔识泥鸿。

当时我做陶承旨，何必樽前面发红[1]。

陶承旨即陶穀，字秀实，五代周、北宋时曾任翰林学士、尚书等职。他仕北周时，曾使南唐，态度威严。中书侍郎韩熙载使歌妓秦弱兰诱之，共枕席时陶作《好春光》词赠秦：

好姻缘，恶姻缘，奈何天。才得邮亭一夜眠，别神仙。　琵琶拨尽相思调，知音少。待得鸾胶续断弦，是何年？

（见《玉壶清语》）

---

[1] 本书所引唐寅诗，据光绪十一年唐仲冕刻本《六如居士全集》，见于影印《四库全书》。后不一一注明。

这就是伯虎诗所谓的"短词"。次日，南唐设宴，筵上歌唱此词，陶毂大为惭愧。伯虎诗即写其事。末两句是说：当时换成我是陶毂，在筵席上听到密赠秦弱兰的词被唱出来，我才不会因为羞惭而脸红哩。十足的明代才子的情趣！十足的明代才子的胆量！具有以往的封建文人所没有的一种特殊的个性魅力和艺术风情。

其二，是在唐伯虎身上，传说与实际存在着巨大的反差。伯虎虽然诗画全才，风流跌宕，但一生坎坷，令人同情。他有过三娶。先是原配夫人徐氏，徐亡故后继娶，后会试时牵涉科场舞弊案被革，续弦弃他而去，再娶沈氏。他对早亡的徐氏感情很深，作《伤内》诗："抚景念畴昔，肝裂魂魄扬。"而对沈氏伉俪甚笃，《感怀》诗云："镜里形骸春共老，灯前夫妇月同圆。"这说明伯虎并不是只会在女人身上用功夫的风流才子，更没有在拥有"八美"之后再娶秋香那样的"无边艳福"。最无根据的是"三笑"故事中的卖身为奴。伯虎卒于嘉靖二年，而华鸿山（华太师）系嘉靖五年进士，伯虎怎么可能死后几十年再进华府作书僮呢？至于秋香，原型是成化间南京名妓林奴儿，年龄比伯虎还大十几岁，很难想象两人之间可能会产生风流韵事了。事实上，伯虎后半生的生活很困难，他曾作诗纪实："十朝风雨苦昏迷，八口妻孥并告饥。信是老天真戏我，无人来买扇头诗。"（《风雨浃旬，厨烟不继，涤砚吮笔，萧条若僧，因题绝句八首，奉寄孙思和》）他筑室苏州金阊门外的桃花坞中，以卖画为生，这种状况一直持续到去世。伯虎晚年颓然自放之际，曾经说过一句很凄伤而深刻的话：

后人知我不在此！

（《明史》本传）

他似乎已经预见到这种后世传说与实际情况的巨大的反差了。这当然是一场悲剧。我今天看待那些缤纷林总的传说，就如同当年雷起剑他们泛舟横塘，见到伯虎墓地为杂树所蔽、牛羊践踏一样，感到"是朋友之罪也"！这种感觉很容易升华为写作冲动。

其三，中国有句俗话：盖棺论定。意思是说，人的一生就像一出戏，只有落幕后才能判断这出戏的好坏。然而，细细想来也不尽然。唐伯虎已经"盖棺"了近五百年，涉及他的各种文字热热哄哄喧闹了近五百年。"论定"了没有呢？况且，长期以来，人品、艺品的平衡木让艺术家走得太累，裁判员的心理负担也实在太重。我以为，唐伯虎的可贵之处在于遭受许多困苦坎坷而潇洒依旧，他留给后世的不是辛酸的眼泪，而是俊逸的微笑，一个索性从人品、艺品的平衡木上跳下来，醉卧在桃花坞中的真正艺术家的微笑。人民爱他，是因为他吃苦吃得太多，却带给大家巨大的欢乐。他好像参透了佛门"四圣谛"之一的"八苦"，诸如生苦、老苦、病苦、死苦、怨憎会苦、爱别离苦、求不得苦、五盛阴苦，离苦得乐，折射出一种睿智之光。这种唐伯虎风情充满了禅学的魅力。我以为，这种风情具有类似"乐圣"贝多芬那种动人的本质。贝多芬一生历尽磨难，辛勤创作，奉献给人们大量优美绝伦的乐曲，然而他早已双耳失聪，听不到令人陶醉的音符和雷鸣般的掌声了。他说："在天堂，我能听到一切声音。"多少有点认命的意味，心灵倒分外平静。唐解元的微笑就具有这样一种醇美的内涵。

　　唐寅，字伯虎，又字子畏，生于明宪宗成化六年（1470）二月初四，死于明世宗嘉靖二年（1523）十二月初二。他生活的这半个世纪是明王朝由兴盛走向衰败的转变时期。明代到了中叶弘治（孝宗）、正德（武宗）时期，社会情况发生了显著变化。土地高度集中，大贵族、大官僚、大宦官等统治集团穷奢极欲，搜括无度，广大人民破家失业，颠沛流离，全国各地不断地爆发大规模的农民起义；同时地方贵族藩王时起叛乱，外族侵犯频繁，明王朝的统治发生了严重的危机。这是一方面。另一方面，流民的大量流入城市，也为城市工商业的发展提供了大量劳动力。在农业衰退的同时，手工业、商业的发展却非常迅速，为"异端"思想的蜂起，为文学艺术的繁荣提供了充分的物质条件。唐伯虎出生于商人家庭，早年随周臣学画，才气过人，与祝允明、文徵明、徐祯卿结交，有"吴中四才子"之称。二十九岁时考中应天府（今南京）乡试第一（解元），少年科第，春风得意，不料后一年的北京会试中，受江阴富家子弟徐经科场舞弊案的牵连而下狱，被革黜功名，发往浙江为吏。伯虎遭此打击后，遂绝意仕进，致力绘事，放浪山水，终于贫病而死。因此，研究唐伯虎的一生就等于研究明代文人的心路历程，对于了解当时的江南才子群以及后来被腰斩的同样是苏州才子的文坛怪杰金圣叹是颇有裨益的。

　　轻柔悠扬，潇洒倜傥，放浪不驯，艳情漫漫，当然是让统治阶级的卫道士们皱眉头的。相反，人们似乎很喜欢唐伯虎，亲亲热热叫他唐解元。在他死后修葺了桃花庵，在他曾经读书的魁星阁上塑像纪念（《唐伯虎全集》附《唐伯虎轶事》卷二），还将一些风物名胜附会上他的传说，如邓尉山香雪海是唐伯虎《红梅图》碎片所化，苏州茶水炉的产生也与唐伯虎有关（传说见《姑苏风物传说》，浙江人民出版社1990年版）；更有意思的是，编造出许许多多的风流艳事，演唱着，传播着，安慰艺术家寂寞而清贫的灵魂。

唐伯虎具有非凡的天分，他似乎毫无畏惧。在进京会试，触犯了规矩，被免去功名后，他叹道："寒山一片，空老莺花，宁特功名足千古哉？"（《唐伯虎文集》曹寅伯序）从此以后，他干脆隐居草堂，和妓女为伍，与和尚说禅，过着自由自在的生活。他的诗词坦率地袒露个性，没有任何羞答答的遮掩。他再明白不过地打起及时行乐的旗帜：

人生七十古来少，前除幼年后除老。

中间光景不多时，又有炎霜与烦恼。

花前月下得高歌，急须满把金樽倒。

世人钱多赚不尽，朝里官多做不了。

官大钱多心转忧，落得自家头白早。

春夏秋冬撚指间，钟送黄昏鸡报晓。

请君细点眼前人，一年一度埋芳草。

草里高低多少坟，一年一半无人扫。

（《一世歌》）

诗中说，请你细细将熟识的人点检一遍，就会发现每年都有些人死去了，进而请你留意坟山的坟墓，每年都有一些无人打扫，因为这些坟主的后人也死去了。冷峻的眼光、诚实的情感加上幽默的语言，对热衷于科举功名的人无异于一帖清醒剂。作为才子，伯虎对达官贵人，则保持着一身傲骨。有一次少傅王守溪寿诞，饮宴文士，席间充斥着阿谀奉承之作，伯虎却呈上了这样一首寿诗：

> 绿蓑烟雨江南客，白发文章阁下臣。
>
> 同在太平天子世，一双空手掌丝纶。

首两句将自己与王少傅作对比，一为江湖散人，一为朝廷官吏。然而，自己不也是万丈才华、满腹经纶吗？同样处于"太平天子"之世，却只能两手空空地寒江垂钓。第三句转得十分有力，略带嘲讽地提到"太平天子世"，但又似褒实贬，点到即止，将一个空有报国之志、治世之才的书生傲兀、落寞、不平的神情惟妙惟肖地表达了出来。或有评此诗"肆慢不恭"（见《唐伯虎全集》之《唐伯虎轶事》卷三），但历来老百姓喜欢他推崇他，原因恐怕也正在此。在伯虎辈生活的16世纪里，才子渴望自由的个性，往往表现为放诞不羁、率性而为的人生态度和厌弃功名、追求自适的人生理想。这种个性，不能不和传统的儒家道德、正常的社会秩序、社会规范发生剧烈的冲突。尤其是当文人才子那种桀骜不驯的个性，受到科举制度或官僚制度的压抑或摧残时，他们胸中汹涌澎湃、抑郁不平的情感，常常借助一些背俗反常的行为加以发泄。他们认定社会是荒唐的——或许只有用荒唐去对抗荒唐，才能摆脱荒唐，超越荒唐。

此外，唐伯虎还是明代第一流的大画家，与沈周、文徵明、仇英合称"明四家"。他的画犹如书法中的"王字"（王羲之）一般被称为"唐画"，为当时藏家所追逐，为后代画家所宗法。他和仇英都从师周臣。周臣字舜卿，号东村，是苏州地区有名的画家，擅画人物山水，从南宋刘李马夏的传统中承继了笔墨和造型的方法，同时也承继了重视主题表现的思想，功力很深，称雄于时。伯虎文化修养较丰富，经历坎坷，见闻广博，具有很高的描绘客观事物的能力，因而意境的创造也更为丰富。他的取材范围比较宽，形式、技法也更多样；他不仅擅长山水人物，在写意花鸟方面也有独到之处。风格严谨，意境深远，而又行墨自然，雅俗共赏……所有这些方面，不仅超越了周臣，也为其他吴门画家所不及。因而伯虎的画名与文名相得益彰，求他画的人很多，据说他实在应接不暇时就请老师代笔，故很多相传为唐寅的画实际上是周臣画的。伯虎的书法主要学赵孟頫，并能自出机杼，结体俊逸挺秀，妩媚多姿，行笔娴熟稳健，是典型的文人字的家数，与他的画又互相辉映，在有明一代是第一流的，极为后世所重。值得一提的是，唐伯虎还是著名的清谈客，也是大旅行家。一则受科场之狱的打击，二则也是绘事的需要，他"放浪远游祝融、匡庐、天台、武夷，观海于东南，浮洞庭、彭蠡"（尤侗《明史拟稿》）。他善于理解佛家哲理，经常与和尚交往，他喜欢把佛典注入自己的诗文中。他根据《金刚经》四句偈"一切有为法，如梦幻泡影，如露亦如电，应作如是观"，自号六如居士。他总结自己是"前程两袖黄金泪，公案三生白骨禅"。运用《楞严经》中的观点看待坎坷的人生，到头来还是白骨狼藉，功名利禄又算得了什么呢？他还仗着一支生花妙笔，为姑苏寒山寺募求铸钟经费撰写文告。

　　然而就是这样一位多才多艺、博雅渊深的唐伯虎，满怀对封建统治的反抗情绪和以卖艺为生自食其力的自豪感宣告：

> 不炼金丹不坐禅，不为商贾不耕田。
>
> 闲来写幅青山卖，不使人间造孽钱。
>
> （《言志》）

并且，还在自己的图章上镌刻上"江南第一风流才子"！真可谓"前无古人"！

在摩挲民族古籍的生涯中，我发现，唐伯虎像苏东坡、徐青藤、郑板桥等人一样，是中国历史上为数不多的具有多面性天才的人物，他们所走过的生活道路虽然不尽相同，但基本上都是一些未能见容于当世的狷介疏检之士。他们有才气，有正气，有骨气。他们的感情和理智经常失去平衡，大都招致物议甚至牵陷灾狱，然而他们才华盖世，都是历史上少见的诗、书、画通才。文学艺术发展史上已有不少事例证明，某些作家的艺术创造力往往得力于他们的反常性格，长时期的精神压抑有可能促使他们更专笃地致力于艺术上的追求，而真正的艺术成就却时常属于那些迹近异端的浪子。无疑，这样的灵魂永远魅力四射，是我们民族文化史上值得自豪的至宝！老百姓爱才子英雄，胜过爱帝王将相，这就是为什么今天人们还津津乐道唐伯虎的故事、粉墨皮黄敷演着唐伯虎的传奇乃至笔者不自量力地撰写本书的动机。清代西堂老人尤侗（1618—1704），康熙帝称为"老名士"，作了首《桃花坞》，真正写出了唐伯虎的精神：

> 桃花坞，中有狂生唐伯虎。
>
> 狂生自谓我非狂，直是牢骚不堪吐。

渐离筑，祢衡鼓，世上英雄本无主。

梧枝旅霜真可怜，两袖黄金泪如雨。

江南才子足风流，留取图书照千古。

且痛饮，毋自苦。

君不见可中亭下张秀才，朱衣金目天魔舞。

　　我以为，写此书，资料缺乏固然是一大困难，最困难的还是要写出他的精神来！"丹青难写是精神。"拙作所要追求的也正在此。

第二章　少年意气

落魄迂疏不事家，郎君性气属豪华。
高楼大叫秋觞月，深幄微酣夜拥花。

——文徵明《简子畏》

一

世间乐土是吴中，中有阊门更擅雄。

——《阊门即事》

如果沿长江顺流而下，由京口（镇江）再折入江南运河，东绕太湖，就来到了苏州府。这里春秋时即为名城，隋置苏州，宋升为平江府，元时改为平江路，在唐伯虎时代则叫苏州府了。此地素称水乡，河道纵横，密如蛛网。较远的太湖、阳澄湖、金鸡湖、黄天荡等，像颗颗晶莹的明珠，镶嵌在广袤的绿野；而环城的大运河和里城河，又如两条翠带，围裹着全城。城内河流纵横，桥梁栉比。据清《吴县志》记载，城厢内外共有桥310座，再加近郊的649座，合计有桥近千。桥下之水与太湖之水息息相通，因而都是富有生气的活水。民居则临河依水，粉墙照影，蠡窗映波，形成了"人家尽枕河"的一大特色。唐代诗人李绅诗

17

云："烟水吴都郡，阊门驾碧流。绿杨浅深巷，青翰往来舟。"诗中所说的阊门，是苏州城内最繁华的所在，堪称商业的"白金"地带。唐伯虎就出生在阊门内皋桥南吴趋里。后来，他曾有一首诗对故园作过描绘："世间乐土是吴中，中有阊门更擅雄。翠袖三千楼上下，黄金百万水西东。五更市买何曾绝，四远方言总不同。若使画师描作画，画师应道画难工。"（《阊门即事》）使人可以想见伯虎故里的昔日繁华。

苏州在春秋时是吴国国都。当时吴国和越国连年大战，越王勾践利用计谋卑怯称臣，把越国的美女西施进献，诱使吴王夫差日夜荒淫，自己则卧薪尝胆，发愤图强，十年后终于卷土重来，灭掉了吴国。这样一来，人们似乎又忘记了"春秋无义战"，褒越贬吴，勾践的首府会稽，一直被称颂为"报仇雪耻之乡"，而苏州则成了有名的"亡国亡君之地"了。于是在口诛笔伐之下，文弱宁静似乎成了苏州的固性，绵绵千年，遭人鄙薄。余秋雨先生对此有过十分精彩的描写：

> 苏州缺少金陵王气。这里没有森然殿阙，只有园林。这里摆不开战场，徒造了几座城门。这里的曲巷通不过堂皇的官轿，这里的民风不崇拜肃杀的禁令。这里的流水太清，这里的桃花太艳，这里的弹唱有点撩人。这里的小食太甜，这里的女人太俏，这里的茶馆太多，这里的书肆太密，这里的书法过于流丽，这里的绘画不够苍凉遒劲，这里的诗歌缺少易水壮士低哑的喉音。（余秋雨《白发苏州》，知识出版社《文化苦旅》）

总之，苏州有的只是繁华。从社会发展史的角度看，苏州的这种繁华与丝织业是密不可分的，明人所辑《醒世恒言》中对嘉靖年间苏州府属吴江县盛泽镇的繁华面貌有如下的描绘："镇上居民稠广，……俱以蚕丝为业，……络纬机杼之声，通宵彻夜，那市上两岸绸丝牙行，约有千百余家。远近村坊织成绸匹，俱到此上市，四方商贾来收买的，蜂攒蚁集。"当时，苏州是全国丝织业的中心，也是全国最繁荣富庶的城市之一。唐伯虎曾作有《姑苏杂咏》四首，就是专咏苏州繁华的，其二云：

> 长洲茂苑古通津，风土清嘉百姓驯。
> 小巷十家三酒店，豪门五日一尝新。
> 市河到处堪摇橹，街巷通宵不绝人。
> 四百万粮充岁办，供输何处似吴民。

五、六句写城市河汊中往来着大大小小的船只，大街小巷，热热闹闹，通宵不绝人行。末二句说，每年向朝廷进贡四百万担粮食，天下有哪个地方像吴民这样承负着沉重的赋税呢？

苏州经济的繁荣也必然影响文艺的发展。并且自三国、东晋以来，江南就一直是文人荟萃之乡。要罗列自古及明与苏州有关的文人，那将是一个长长的名单。如果说到绘画，南宋时都城在临安（杭州），画院人才济济，临安距苏州也不远。元代的几位最著名的山水画家，如黄公望是常熟人，倪瓒是无锡人，王蒙是湖州人，吴镇是嘉兴人，朱德润先落籍在苏州，再迁居昆山，都生活在这山明水秀的太湖附近。到明代，苏州地区渐渐成了江南文艺的中心。明初活跃着以杨维桢、高启为首的一大批诗人，在中国近古文学史上写下了光辉的一页。到15世纪中叶以后，画家以沈周为首，加上文徵明、唐寅、仇英，被后世称为"吴门四大家"。差不多同时生活在苏州的有成就的画家还有周臣、陈淳、钱谷、陆治、陆师道等。文学家和书法家有吴宽、祝允明、王宠、徐昌谷、都穆等，而唐寅、文徵明、祝允明、徐祯卿被称为"吴中四子"，闻名遐迩。这时的苏州文人大多是诗、书、画的通才，他们经常在名园游艇或是在青楼酒馆中举行文艺性的集会，有时几个人合作一幅画，有时观摩佳作，互相题跋，有时限韵分题举行诗社，伴随着这些活动的往往是酣饮和丝竹，艺术家们或纵谈，或沉思，或狂放，或自语，寻求着艺术的灵感，有声有色地活动在古城苏州的艺坛。

这真是群星灿烂、辉映天宇的时代！这是一方面。另一方面，也是更重要的方面，到了明代，苏州一改绵延千年的文弱宁静，开始躁动起来了。并且不躁动则已，一躁动则变得风骨坚挺，带有强烈的叛逆色彩。

14世纪后半叶明王朝建立以后，苏州地区由于曾是张士诚的根据地，所以明统治者对之实行高压政策，课以全国最高的税率，徙富裕之民充实京师地区，又以各种借口处死了活跃在苏州地区的高启、杨基、徐贲、张羽等文坛领袖。然而统治者的暴行和控制似乎对苏州只起了逆反作用；加之苏州的工商业发展到明代，形成了一个新的强大的经济力量，资本主义因素显著增长以后，就和封建势力产生了尖锐的矛盾。于是，对于以皇帝和宦官为首的明朝统治者的严酷的压制，柔婉的苏州人一改积习，"触底反弹"，采取了激烈的反抗。

唐伯虎似乎得风气之先。他自称江南第一风流才子，视名教理学如敝屣，也不干什么正事，更冷眼讥贬朝廷官吏，风流落拓，高高傲傲，手把酒壶，躲在桃花丛中做一个名教叛逆，做一个风流浪子，做一个真正的艺术家！不仅唐伯虎，他的朋友也大多不把科举课程放在眼里，而是研习对于举业"无用"的古文辞。值得一提的是，在16世纪的中国，学习古文辞已成为一种全社会性的风气，但萍末之风，却起于15世纪后半叶的成化、弘治年间，就起于此时的苏州。此风的提倡者，便是伯虎的挚友祝允明。祝允明不仅自己力攻古文辞，而且还吸引了不少志同道合者，其中有都穆、文徵明、唐寅、杨循吉、徐祯卿、张灵等人，苏州的文风一时变得强劲起来。

知识分子历来都是最敏感的先行者，这以后，对于遥远京城的腐败政治，苏州人愈来愈"捣蛋"，简直把昔日的文弱宁静一扫而光。唐伯虎殁后一百二十年，即万历二十九年（1601），苏州爆发了以织工葛成为首的苏州人民反对税使孙隆的斗争风暴。这一次的斗争参加者包括各阶层市民，规模宏伟，组织严密。"千人奋挺出，万人夹道看"，踏平了税署，惩治了酷吏。后来斗争虽然被明王朝残酷镇压下去，但苏州织工暴动无疑是明朝末年最卓越的一次反矿监、税使的斗争。葛成在牢中度过了十二个春秋，不屈不挠，最后从容殉难，深受苏州人民敬仰，后人都称呼他为葛将军。又过了二十多年，东林党人反对宦官权奸魏忠贤，朝廷特务在苏州逮捕东林党人周顺昌时，遭到苏州市民的强烈反对。素称文雅的苏州人民斗争矛头直指"九千岁"，数万市民冲进官府，殴打校尉，不畏流血，呐喊冲击，振聋发聩。在魏忠贤身败被戮后，苏州人民将这次反对阉党而壮烈牺牲的五位普通市民埋葬在虎丘山脚下，安享姑苏特有的湖光岚色，并且立碑纪念。张溥写的《五人墓碑记》详记其事，后编选入《古文观止》，流传甚广。明代戏曲家李玉写的《清忠谱》传奇，对五义士的斗争事迹也有形象的描绘。再往后来，明末清初的金圣叹，一肚皮不合时宜，勃发儒者之刚，拍案而起，写《哭庙文》，参与抗粮哭庙，以致被"腰斩于吴门"，算是给苏州人涂抹上了最后的刚烈的一笔。

唐伯虎就生长在这样的时代，生长在这样的土地上。

二

> 怅怅莫怪少时年，百丈游丝易惹牵……杜曲梨花杯上雪，灞陵芳草梦中烟。
>
> ——《怅怅诗》

明宪宗成化六年（1470）二月四日，苏州阊门内皋桥南吴趋里一家唐姓市民家庭里，一个男婴呱呱坠地。因为是寅年所生，按中国古时以天干地支及十二生肖纪年的历法，属虎，所以名"寅"，字"伯虎"。后来，又因"虎"而更字"子畏"。苏州旧有盘、阊、胥、葑、娄、相六门，而阊门最繁华，俗称金阊门、银胥门。阊门是苏州西城门，据交通要津，真是"银烛金钗楼上下，燕樯蜀柁水西东。万方珍货街充集，四牡皇华日会同"（《姑苏杂咏》之一），市面繁荣，店铺栉比。伯虎的父亲唐广德，便在这繁华之地开着一家酒肆，以此养活一家老小。在《与文徵明书》中伯虎说"计仆少年，居身屠酤，鼓刀涤血，获奉吾卿周旋"，就是他童年生活环境的真实写照。

唐姓不是苏州的大姓，也没有什么显赫之辈。唐家世居吴趋坊，五代行善积德，邻里称赞。然而福祉似乎并没有降临这个积善之家，唐家人丁不兴旺。从伯虎的曾祖父直到父亲，都是单传，无有支庶。到唐广德，娶妻邱氏，生下二子一女。唐寅是长子，三娶而生有女，许配王氏子。弟弟叫唐申，字子重，生于成化十二年（1476），小伯虎六岁，亦有"佳士"名，娶姚氏，生子名长民，却于正德三年（1508）秋天病卒，其时伯虎才三十八岁。妹妹则出嫁后遇到不善良的丈夫，很早就亡故了。唐家在苏州没有显达关照，加之人丁不旺，当然家产也不会丰厚了。

伯虎相貌英俊，天资聪颖，是唐家的白眉。他的朋友、曾任吏部尚书的杨一清写诗赠他，有"丰姿楚楚玉同温"之句（杨一清《用赠谢伯一举人韵，赠唐子畏解元》），可以想见伯虎生得十分俊俏儒雅。这里需要说明的是，俗传的《三笑姻缘》《八美图》等弹词，因为唐伯虎自称"六如居士"就妄自猜测，硬派唐伯虎是位"六指翁"，说他左手大拇指上长着一个枝指，并且在寻芳猎艳、偎红倚翠的当儿，还全仗着这个枝指做他的才子招牌，有的地方还全仗它作护身符，解了急难，还成全了好事。这简直可笑之至，也无聊之至。所谓"六如居士"，是因为伯虎中年后信佛，《金刚经》云："如梦幻泡影，如露亦如电。"伯虎觉得人世间的功名富贵就像梦幻泡影露电这六件东西一样空洞缥缈，故自号"六如居士"。至于枝指，倒是《明史》记载祝允明生枝指，故取名枝山。弹词作者将它移派伯虎，真正是张冠李戴了。

唐家家道小康，开酒店的小业主也就是中等人家的生活水平。唐广德为人豪爽，爱喝酒，但身体却不好。对于伯虎三兄妹，唐广德最喜爱

小女儿，直到自己缠绵病榻，垂死之际，还对小女儿放心不下。（见唐伯虎《祭妹文》）

如果说，唐广德最喜爱小女儿，那么他对长子伯虎则寄托了改换门第的希望。明代的科举制度的一个重要特点，是学校和科举更紧密地结合，科举必由学校，进学校成了科举的必由之路。这样，就给普通市民提供了进入政权的机会。唐伯虎的祖上从没有出过读书人，现在家庭薄有积蓄，伯虎又天资聪颖，于是唐广德便把希望寄托在伯虎身上，指望到这一代能够出个儒官，光宗耀祖。因此，他花钱请了举业师来教唐伯虎。由于全家指望唐寅读书做官，所以伯虎得以"不问生产"，"闭门读书，与世若隔，一声清磬，半盏寒灯，便作阇黎境界，此外更无所求也"（《答周秋山》）。这段话当然是伯虎回忆自己幼年读书的专心，但是也可以看出唐家清寒的家境和虔诚的期待。

对于一个天才少年来说，读书无异于开拓了一个新天地，这是一个何等绚丽、何等神奇、何等辉煌的天地啊！酗酒的喧哗、狼藉的杯盘、粗俗的谈论都一扫而空，而代之以淡淡的书香、深沉的思考和韵味悠长的吟咏，伯虎整个灵魂都被吸引了。日后，他曾写有《闻读书声》：

> 公子归来夜雪埋，儿童灯火小茅斋。
> 人家不必论贫富，才有读书声便佳。

这也可以看作他自己苦学少年时的真实思想记录。他就像后来在"项脊轩"中"盱衡天下"的少年归有光一样，似乎也不怎么把天下放在眼里。伯虎整日读书写字，甚至不能辨识门外的街道里巷。成化二十一年（1485）左右，十五六岁的唐伯虎参加府学生员考试，"童髫中科第一，四海惊称之"，初次引起了世人的注意。明代的学校有两种：国学和府、州、县学。国学是中央一级的学校，府、州、县学是地方学校。凡经过本省各级考试录入府、州、县学的，通称生员，俗称秀才，这是功名的起点。伯虎考入了府学，也就进入了举人、进士的养成所。在这里，他可以受到科举课程的训练，然后去应乡、会试。一般人看来，当然是一个大的胜利，当然"惊称之"了。然而伯虎的父亲却不然，据伯虎的密友祝允明后来为他写的《墓志铭》记载，对于伯虎的勤学，其父唐广德说了一句极其深刻的话："这个孩子日后一定能成名，但是恐怕难以成家立业啊！"我以为，除了中国俗话说的"知子莫若父"的道理以外，这个酒店主应该是有较高明的悟性和洞察力的。

无疑，唐伯虎继承了他父亲的悟性和洞察力，这位文化很低的酒店老头的智慧潜伏在血液里，后来却在儿子身上开出了奇花异果。此外，伯虎还遗传到祖、父们对酒的喜好。他一生迷花迷酒，直到后来贫病交加时，还自我安慰说：

高情自信能忘我，隐者何妨独洁身。

无所不知方是富，有衣典酒未为贫。

（《效白太傅自咏》）

末两句说，学识渊博才是真正的富裕，只要剩有衣衫能典卖换酒喝也就不叫作贫穷了。揶揄调侃而又略带自负，字里行间透出一派醺醺的酒气！

伯虎不仅一生喜好喝酒，而且因酒而结下文缘和画缘。旧时苏州金阊门一带的酒店大都临河而筑，正确点说是店门在街上，小楼则是架在湖口的大河上。房屋下面架空，可以系船或作船坞。店堂内有一个窟窿，沿着一条窄窄的石磴走下去，可以从浸泡在河里的一个扁圆形的篾篓里拿出活鱼，制肴下酒。定好下酒鱼后，即可从一架吱嘎作响的木扶梯上楼。窗楼外水光山色，风帆点点，青山隐隐，野鸭惊飞，极具江南的文化情调。据说，后来做过温州太守的苏州名士文林常常到唐广德的店中喝酒。据《明史》说，文林是文天祥的后代。据王世贞所作《文先生传》说，文林的先代文俊卿在元朝曾做过佩金虎符镇守武昌的都元帅。到文林的祖父，被招赘入吴，才成为吴人。文林在一肴一饮之间，发现了唐广德让大少爷唐寅一心念书的良苦用心，更惊异地发现了唐寅竟是一个天才少年！于是文林诚挚地让唐寅与自己的儿子文璧交游，又介绍唐寅向自己的朋友周臣学习绘画，一遇上斯文朋友的应酬场合，就叫唐寅也来参加。

一个人的成功与否当然与他的天赋有关，而天赋与识拔之间又存在着谜一样的关系，这是让数千年来中国士人掩卷困惑、关注、痛苦、喜悦的不变的主题。因此，钟子期死而俞伯牙砸琴断弦，终生不再奏曲；诸葛亮去世而李严认为自己不会再获重用，终于自刎；因此，韩退之极其沉痛而深刻地说："世有伯乐，然后有千里马。千里马常有，而伯乐不常有。"（韩愈《马说》）这句话竟然使千百年来中国士人唏嘘感叹，铭刻在心。现在，命运使唐伯虎认识了文林，也就认识了文林的儿子文璧，文林的朋友周臣、沈周等，使他走出了酒店狭隘的生活圈，走进了苏州文人——而且是第一流文人的交际圈。

　　文璧，字徵明，以后就用徵明为名，改字徵仲，号衡山。他与伯虎同年。文徵明具有聪颖的天赋，后来也成了名闻天下的诗、文、书、画全才；此外，他性情刚直纯正，不慕荣利，终生不狎妓。据说唐伯虎与祝枝山想对文徵明开个玩笑，一天邀文徵明同游竹堂寺，伯虎先悄悄嘱咐邻寺路旁的妓女："这次同来的文君，在青楼中素称豪侠，但性情难以接近，你好好下功夫，我们再赏赐你。"妓女点头答应了。于是，到了那日，伯虎三人途经妓家时，妓女对文徵明百般挑逗，缠住文不放，聪明的文徵明只是遗憾地说："你们两位在与我开玩笑！"说罢挣脱了妓女的纠缠，大笑着与伯虎、枝山告辞。

　　还有一次，伯虎见徵明对声色不感兴趣，就与朋友们在石湖泛舟纵饮，预先叫来妓女，隐藏在船舱中，徵明不知底细，上船后与他们饮酒谈笑。酒到半酣，伯虎脱下帽子，解开衣服，高声唱歌，又叫出妓女："快给文先生敬酒！"文徵明大吃一惊，想告辞，但又四顾湖水茫茫，而几个妓女又围了上来，纠缠不休。徵明大叫着，急得要往水里跳。幸亏湖上划来了一只舴艋小舟，徵明叫过来，跳了过去，算是逃过了这一劫。

　　就是这样两个性情截然不同的人，竟成了终生不渝的莫逆之交。伯虎敏感自傲，徵明醇厚谦恭，伯虎脱略大度，徵明谨言慎行，两人在文学上同称"吴中四才子"，在绘画上同列"吴门四大家"，极得相辅相成之妙旨。他们长大后，伯虎曾在给徵明的一封情词恳切的信中说："寅往往因口舌而触忤权贵，往往因纵酒而遭受处罚，往往因沉溺声色花鸟而蒙犯罪责。徵仲无论是遇到权贵也好，饮酒也好，声色也好，花鸟也好，都淡泊无心，而有自己的主意在其中。虽然他眼前有千万变化，但他身上却有着不可动摇的东西。"最后，伯虎下一结论：

> 昔项橐七岁而为孔子师，颜、路长孔子十岁；寅长微仲十阅
> 月，愿例孔子以微仲为师，非词伏也，盖心伏也。诗与画寅得与微
> 仲争衡；至其学行，寅将捧面而走矣。
>
> （《唐伯虎全集》卷五《又与徵仲书》）

"捧面而走"，就是羞愧地逃跑，说得十分客观而冷静。所以后来袁中郎评这封信："真心实话，谁谓子畏狂徒者哉？"徵明对伯虎也很佩服。《唐伯虎轶事》介绍了一则笑话：

> 有吴士游外郡，遇一缙绅先生，问金阊写生，孰为擅场。答以
> 文徵仲。又问文所服膺何人，曰"唐子畏也"。缙绅首肯，曰："良
> 然。尝见文先生私篆，云'维唐寅吾以降'。"闻者掩口。

"维唐寅吾以降"是"维庚寅吾以降"的误读。这是屈原《离骚》中的一句。因文徵明生于明成化六年，是庚寅年，故用此句来刻成闲章。这当然是一个令人捧腹的笑话，但文徵明佩服唐伯虎在当时应该是尽人皆知的事实。

文徵明绘画老师是大名鼎鼎的沈周，世称"沈、文"。唐伯虎的绘画教师则是周臣。周臣（？—1535），字舜卿，号东村。他的教师是陈暹，曾入宫廷。周臣画宗南宋，和沈周取法"元四家"的路数不同。一般文人并不怎么推重周臣，这是一种门户之见。周臣的山水、人物画，技巧熟练，功力深邃，与同样师法南宋人的"浙派"诸名家相比，实有过之而无不及。唐伯虎师承周臣的画派，山水、人物、仕女、花鸟无所

不工，不但扩大了老师的门庭，而且都能自出新意。王穉登《吴郡丹青志》评论道："唐寅画法沉郁，风骨奇峭，刊落庸琐，务求浓厚，连江叠巘，纚纚不穷。信士流之雅作，绘事之妙诣也。评者谓其画，远攻李唐，足任偏师；近交沈周，可当半席。"伯虎的画，人们都认为要比他老师好，据说曾有人问周臣，为什么不及学生，周臣答得十分妙："只少唐生数千卷书。"这是说在文学修养上不如伯虎的缘故。文学、绘画本属孪生姊妹，文学修养当然有助于艺术表现力。周臣的话是极有见地的。伯虎十分尊崇老师的画，他在《题周东村画》中说：

　　鲤鱼风急系轻舟，两岸寒山宿雨收。

　　一抹斜阳归雁尽，白蘋红蓼野塘秋。

色彩绚丽，动静相宜，可以想见周臣山水画面之美。

得遇名师，当然是人生事业的极大幸运。在周臣、文林、沈周等前辈的指导下，伯虎学习绘画是十分刻苦的。他从周臣那里继承了李成、范宽和南宋四家的传统，对元代赵孟頫、黄公望、王蒙等的画法，也进行过苦心钻研。在成天写生临摹、泼墨挥毫的同时，这个英俊少年也满怀着对未来的憧憬。未来是什么呢？改换家庭商贾的门第？或是使一家大小过上富裕的生活？或是自己竟蟒袍玉带，位列朝班？他也觉得模模糊糊的，说不上来，他有首《画鸡》诗，很好地体现出他的少年的上进心：

　　头上红冠不用裁，满身雪白走将来。

　　平生不敢轻言语，一叫千门万户开。

少年伯虎除了画画，兴趣最浓的就是读书了。必须指出的是，少年伯虎最爱读的书并不是科举课程的"举业之书"，而是被时人视为"无用"的古文辞。当时，应付科举考试的八股文被称为"时文"，与此相对，古代文学作品便被称作"古文辞"。为了谋取功名，一般读书人多钻研时文，而忽视古文辞，认为古文辞不但没有用处，而且对举业还有妨碍。这就像《儒林外史》中周学道骂魏好古的："'当今天子重文章，足下何须讲汉唐？'像你做童生的人只该用心做文章，那些杂览学他做甚么？"但是，真正有志气有才气的文人，虽说为了出路也不得不钻研时文，但在内心深处却看不起它，认为只有古文辞才是真正的学问。伯虎孜孜攻读的，正是周秦两汉魏晋六朝隋唐五代宋元的古文辞。这时候，一个怪杰突然跳进了他的生活圈子。此人就是祝枝山。

祝允明（1460—1526），字希哲，号枝山，长洲人。33岁中举，后会试多次，皆不得一第。后来补官广东兴宁知县，历官应天府通判。这是一个极富传奇色彩的人物，一生诗酒狎妓，沉迷酒色。他在《口号二首》中曾坦率地承认"日日饮醇聊弄妇，登床步入大槐乡"。卖诗文所得钱，多用来饮酒买醉，以致死后无钱下葬。祝枝山比唐伯虎年长十岁。当十五六岁的唐伯虎以第一名考入苏州府学，初次引起了世人注意时，二十五六岁的祝枝山正因提倡古文辞而名声大振，他隐约地感觉到少年伯虎的万丈才华，感觉到这个少年"其中屹屹有一日千里气"（祝允明《唐六如墓志铭》），于是主动屈尊前来造访，不料伯虎少年气盛，却白眼相向，不予理睬。出身名门的祝枝山阅历丰富，当然理解正在成长着的身体和精神大抵会使少年人产生一种强有力的感觉，这种感觉使他们显得朝气蓬勃而又有点不可一世。于是，枝山一再拜访，结果每次都碰壁，扫兴而归。后来，也许是为祝枝山的诚意所感动，或者是为祝枝山的名声吸引，最大的可能是喜好古文辞的同声相应，同气相求，伯虎终于也伸出自己的手。有一天，他忽然送了两首诗给祝枝山，表露了自己的心迹。这两首诗现已不可得见，据枝山在《唐六如墓志铭》中说，"乘时之志铮然"，大约是抒写少年豪气一类的内容。对此，年长的祝枝山表现出充分的理解，他也写了答诗。在答诗中，他劝伯虎还是"少加宏舒"为好。他说，世上万物凡变高，就会变得细小，因此没有听说华山的顶峰可以建造城市；只有苍天既高远又包含一切，因此为万物所宗仰。伯虎阅后，觉得惺惺相惜，两人以此开始了持续终生的友谊。

祝枝山与唐伯虎的结交不如说是在"古文辞"的大纛下的集合。祝枝山不仅自己力攻古文辞，而且还吸引了不少志同道合者，其中有都穆、文徵明、唐寅、杨循吉、徐祯卿、张灵等人。其中需做特别介绍的是徐祯卿（1479—1511），字昌谷，祖籍琴川，后徙家吴县。《明史》本传称他为"吴中诗人之冠"。弘治十八年（1505）举进士，因身材瘦小，未能选入翰林院，任大理寺左寺副，后因囚犯走失，贬职为国子监博士。正德六年（1511）病死于北京，年仅33岁。徐祯卿早期诗标格清妍，词采婉约，有"文章江左家家玉，烟月扬州树树花"之句，评者以为"沉酣六朝，散华流艳"。中进士后，交游李梦阳、何景明，"悔其少作，改而趋汉魏盛唐"。名列前七子之中，影响之大仅次于李、何。王世贞评其诗说："徐昌谷如白云自流，山泉泛然，残雪在地，掩映新月；又如飞天仙人，偶游下界，不染尘俗。"（王世贞《艺苑卮言》）徐祯卿又是前七子中的理论权威，所著《谈艺录》为李、何拟古理论的代表作，清代王士禛《渔洋诗话》还将其与钟嵘《诗品》、严羽《沧浪诗话》并提，认为是他最推崇的三部"古人论诗"之作。无疑，徐祯卿在文学上对于伯虎是影响很大的，他们的交谊也很深厚。徐祯卿有几首寄给伯虎的诗，都写得情真意挚，如《唐生将卜筑桃花之坞，谋家无资，贻书见让，寄此解嘲》长歌抒怀，结尾叹道：

> 唐伯虎，真侠客。
>
> 十年与尔青云交，倾心置腹无所惜。
>
> 击我剑，拂君缨。
>
> 请歌鹦鹉篇，为奏朱丝绳。
>
> 胡为扰扰苍蝇之恶声？
>
> 我今蹭蹬尚如此，嗟尔悠悠世上名。

的确是金石知己的肺腑之言！到弘治八九年（1495、1496）间，包括祝允明、文徵明、唐寅、徐祯卿等四人的"吴中四子"开始出名，其时祝允明三十六七岁，唐寅、文徵明二十六七岁，徐祯卿十六七岁。也就在这时期，画家以沈周为首，加上文徵明、唐寅、仇英的"吴门四大家"开始出名。其时沈周年近七十，仇英约三十岁。这真是一个星汉灿烂的江南才子群！

这个江南才子群活跃在15世纪中叶的苏州。苏州的自然环境很优美，北滨大江，南临太湖，河流纵横，拱桥相望。西南郊的虎丘、寒山寺、横塘、石湖，是唐宋以来许多诗人歌咏的胜地；灵岩山有吴宫和西施的遗迹，天平山怪石参天，上方山塔影穿云，太湖则烟波浩渺，岛屿连绵，其中最著名的是洞庭东山和洞庭西山，两山不仅古迹多，风景美，而且名茶佳果著称于世。这当然是适合江南才子群成长的自然环境。同时由于苏州地区经济的迅速发展，有不少工商业者或是附庸风雅，或为美化环境，或为交际应酬，不惜用重金购买书画，这就使得当时的书画家能够摆脱封建统治者的豢养而靠自由出卖书画来生活。如文徵明有所谓"生平三不肯应"之说，就是不卖画给藩王贵族、宦官和外国人。这反映了他对欺压人民的贵族、宦官和带有侵略野心的外国人的鄙视，但也说明他能自食其力，有恃无恐。唐伯虎更自豪地直言不讳："闲来写幅青山卖，不使人间造孽钱！"明白无误地说明了艺术品已经走向商品化，走向了市场。苏州地区社会经济的发展对于艺术家的生活和思想产生了巨大的影响，这当然是适合江南才子群成长的社会环境。

生活在15世纪中叶的苏州的江南才子群是极有特点的，他们狂人林立而又从不文人相轻，诗酒歌筵而又提倡自食其力，热热闹闹，风流潇洒，欣赏聆听着盛况空前的虎丘山曲会，徘徊在月落乌啼、渔火闪烁的枫桥，醉卧在沥沥春雨轻敲篷舱的太湖画舫，狂呼豪饮于市楼栉比的金阊银胥……

唐伯虎就是他们之中的一员。

三

不炼金丹不坐禅，饥来吃饭倦来眠。生涯画笔兼诗笔，踪迹花边与柳边。

——《感怀》

　　唐伯虎生活的年代正当明代中叶，当时的封建统治已十分腐朽；国家大权实际操在宦官手中，贿赂公行，朝廷大臣在虐政下也朝不保夕。土地又高度集中，租税奇重，造成农民的极端贫困，各种农民起义的规模逐渐扩大。如在宪宗时河南的刘通、石龙等起义，有精兵四万。起义失败后不久，刘通的余部李胡子等再起，聚众至百万人。武宗时期直隶人刘六、刘七等起义，自北京附近转入山东、河南，转战湖北、湖南一带，几乎倾覆了明朝的统治。同时，外侮也从未平息。如英宗正统十四年（1449），西北瓦剌族入侵，明军遭到惨败，英宗被掳。世宗时东南沿海则有倭寇不断侵扰。明代的工商业原有很大的进展，但以皇帝和宦官为首的明朝统治者，却对新兴的工商业势力，采取了严酷的压制和疯狂的掠夺。在这样的历史背景下，也就产生了一批狂士。

　　狂士，是名士的支派，大概是中国封建士大夫阶级的特殊产物，一般都与时代和个人身世、遭遇有关。魏晋时代政治黑暗，就出现了一些扪虱挥麈、放浪形骸的狂怪之士。如阮籍"纵酒昏酣，遗落世事"（《魏书·王粲传》注引《魏氏春秋》），曾沉醉六十日不醒；阮咸与酒友们以大瓮盛酒，围坐畅饮，有时群猪上来争饮，阮咸也不在乎；嵇康自称头面要个把月才洗一次，也不喜欢沐浴，甚至小便也能忍则忍，懒得去解（嵇康《与山巨源绝交书》）。类似这样的惊世骇俗之言行，不一而足。明中叶以后，很有一批佯狂傲世的人物，如唐伯虎和他的朋友们；稍晚一点有徐青藤，狂悍得经常自残；再晚一点有昆山的顾炎武和归庄，人称"归奇顾怪"；还有吴中的顾呆，也怪得出奇；再晚一点则有金圣叹，满腹牢骚，狂歌当哭，以致腰斩吴门。以上同为狂士，却有种种不同，有的为忧国而狂，有的为个人不遇而狂，有的则恃才傲物而狂。像唐伯虎和他的朋友们的狂放不羁，虽与明中叶的黑暗政治有关，但更多的是个人有志不得伸，不容于士林，加之惊人的自负，因而养成这种不拘小节、佯狂傲世的作风。

也许是幼年居身屠酤，耳闻目睹了下层社会的许多不平事，伯虎从小就对古时的"布衣之侠"鲁仲连和朱家怀有深深的敬意。战国齐人鲁仲连义不帝秦，为各国排难解纷。西汉鲁人朱家，拯危救困，任侠关东。伯虎认为他们"其言足以抗世，而惠足以庇人"（《与文徵明书》），自己愿意成为他们门下一卒，所悲叹的是世间没有这样的侠士。由于少年贫困，伯虎索然寡欢，但内心又燃烧着一股炽烈的火焰，使他又不安于寂寂无闻。生性就诙谐豪放的他，就更加放诞不羁了。赵翼《廿二史札记》称"吴中自祝允明、唐寅辈，才情轻艳，倾动流辈，放诞不羁，每出名教之外"，说的就是活跃在景色秀丽的苏州的伯虎及其朋友们的荒唐行径。

伯虎在府学里不仅是一个"不务正业"的学生，而且还是一个"无法无天"的浪子。无独有偶，伯虎的同学中有一个同乡少年张灵，也是市民出身，两人意趣相投，可称难兄难弟，莫逆之交。据《明史》《列朝诗集小传》等书记载，张灵字梦晋，文思敏捷，词采斐然，善画人物，又喜古文辞，受到祝允明的赏识，罗致门下；为人却喜欢喝酒，好交朋友，佻达放纵，不合时俗。有一天，伯虎在虎丘设宴，张灵乔扮乞丐去撞席，高谈阔论，吟诗作赋，目中无人。同席的人惊讶不已，奇怪怎么一个乞丐竟有如此才华？！还有一次，伯虎曾与张灵一丝不挂地站在府学泮池中以手击水相斗，呐喊叫嚣，进行水战。当时督学方志厌恶古文辞，知道伯虎致力于古文辞，想惩罚伯虎，张灵知道后很忧郁，伯虎说："他不知道你，你有什么可忧呢？"张灵说："独不闻龙王欲斩有尾族，虾蟆亦哭乎？"（《二科志》）可见二人相知之深。

后来，张灵由于太放浪形骸了，被官府革斥了秀才的名号，他却不以为然，仍旧诗酒癫狂。传说有一天张灵在豆棚下举杯自饮，有人拜访他，他不予理睬，自顾喝酒。那人怒气冲冲地找到伯虎，诉说张灵如此无礼，伯虎却笑笑说："你这是在讥讽我呵！"在历史上，张灵虽不及唐寅名气大，但他们如影随形，在当时是以一对才子狂生并称的。

张灵还具有一种表现才子人格的舍生忘死的痴情，即对待佳人，不仅仅是一种倾倒于美貌的感情，而且更是一种刻骨铭心的知己之情。清初黄周星作传奇小说《张灵崔莹合传》、乾隆间钱维乔作戏曲《乞食图》、无名氏作《十美图》、汾上谁庵作《画图缘》、刘清韵作《鸳鸯梦》等就记述了张灵和崔莹的一个痴迷凄绝的恋爱故事，这故事还牵扯上张灵的好友唐伯虎。

故事说张灵和妙龄少女崔莹偶然遭遇，一见倾心，情意缠绵。不巧当时宁王朱宸濠图谋反叛，将崔莹选为歌伎，送往京城，张灵听到这一消息后，五内俱焚，悲不能抑，寝食皆废，相思成疾，竟然命归黄泉。待到朱宸濠的叛乱被平定，崔莹等人都放归家中，崔莹才得知张灵的死讯。于是，她专程前往吴县，在张灵的墓前设酒祭奠，泣不成声，自缢身亡。张、崔死后，一天夜里唐伯虎梦见张灵对他说："君以为我是真的死了吗？死的是形骸，不死的是性灵，我既然是一世才子，死后岂能像他人那样泯灭呢！"

我以为，虽然张、崔姻缘像伯虎三笑姻缘一样，多半属流传很广而子虚乌有的传说，但对于理解15世纪中叶的江南才子群是值得重视的资料，尤其上述的张灵托梦那段话，无疑可视为伯虎、张灵辈真实思想的流露：生命就是性情。活在人世间无法和意中人相亲相爱，朝夕相处，那还不如索性死去，让自己的真情永远依傍着意中人。丧失躯体，获得爱情的永生，这就是生命的价值！

关于伯虎少年时代和朋友们逾越名教、超逸流俗的故事是很多的，至今为人津津乐道。

传说有一天，唐伯虎与朋友们浪游大醉，酒兴未尽，却身上没有酒钱了。于是大家都脱下衣裳，典当在酒店，换得酒食豪饮至晚。伯虎又乘兴涂抹山水数幅。第二天早上，伯虎将画卖脱，得钱后将典当的衣裳全部赎还朋友。

又传说伯虎曾和张灵、祝枝山等在雨雪天打扮成叫花子，敲着鼓唱《莲花落》，讨来钱便买了酒到野寺中痛饮，还得意地说："这种快乐可惜无法让李白知道！"

又传说盛夏的一天伯虎拜访祝枝山，正巧碰上祝枝山大醉，一丝不挂在纵笔狂草。伯虎用《诗经》的句子开玩笑："无衣无褐，何以卒岁？"枝山立刻也用《诗经》句回答道："岂曰无衣，与子同袍。"

这还是伯虎与朋友之间的惊世骇俗的言行，至于对待权贵和俗客，他们似乎更加肆无忌惮。有一次有富豪邀客人登山赋诗，伯虎装扮成乞丐，对他们说："诸位今日赋诗，能让乞儿作和吗？"富豪很惊诧，就开玩笑地答应了。伯虎索来纸笔，大书"一"字后就走，客人们大笑，追他回来。伯虎又写了"一上一上"四字后，请求离开。富豪说："我早就知道乞儿不能作诗啊！"伯虎笑道："我生性嗜酒，一定要饮酒后才能作诗，君能赐给酒吗？"富豪就让人倒满一杯酒，对他说："你如果能够赋诗，就让你尽醉，不然，就要受到责罚。"伯虎又大书"又一上"三字，客人们拍手笑着起哄："这就叫作能作诗吗？！"越加逼迫他写。伯虎又书"一上"二字，人们都俯仰大笑。伯虎上前说道："我早就想喝酒了，难道我真的让先生们评判我会不会作诗吗？"于是举酒一饮而尽，拿起笔来续成了一首七言绝句：

一上一上又一上，一上直到高山上。

举头红日白云低，五湖四海皆一望。

客人们都大吃一惊，邀伯虎入席，尽醉而归，大家竟然不知道这乞儿是什么人。

唐伯虎最喜欢用他的才华和机智作弄威严的官吏。有一次他与祝枝山浪游维扬，纵情舞榭歌台，没有钱用了。两人商量，认为盐运使权势大，收税甚多，于是装扮成玄妙观化缘的道士，穿上道服，到官署化缘。盐运使一见大怒，呵斥道："你们难道不知道御史台之威严如寒霜肃杀吗？道士算什么东西，敢就这么来官署？！"唐、祝两人答道："明公以为贫道是讨饭吃的吗？不是的啊。贫道所结交的都是天下的贤豪长者，即使像我们吴地的唐伯虎、祝枝山等，都肯与我们交友。明公不嫌弃的话，我们愿意表现菲薄的文才，请公命题。"于是，盐运使收敛威严，随即手指牛眠石，命两人以此为题赋诗。唐、祝不假思索，立即写成七律一首：

嵯峨怪石倚云间（唐），抛掷于今定几年（祝）。
苔藓作毛因雨长（唐），藤萝穿鼻任风牵（祝）。
从来不食溪边草（唐），自古难耕陇上田（祝）。
怪杀牧童鞭不起（唐），笛声斜挂夕阳烟（祝）。

　　盐运使读完诗，笑着对两人说："诗写得不错，你二人意欲何为呢？"两人答道："明公轻财好施，天下知名。现在姑苏玄妙观坍塌，明公如果能捐俸修葺，名字一定会永传不朽。"盐运使听了很高兴，就给长洲县和吴县颁下征召，使出资五百两作为修葺费。两人得到征召文件，就连忙乘船回吴，具备名片拜谒二县的县令，假说是玄妙观的道士托他们来打通关节，果然得到了五百两纹银。后来盐运使知道上了当，大为懊丧，但也无可奈何了。

　　这个故事出自《自醉言》，是荒漫无据的小说家言，但我以为那种逾越名教、蔑视礼法的奇言怪行，那种潇洒脱略、天马行空的生活方式，那种以荒唐行径嘲弄荒唐观实的深刻本质，这就是明中叶江南风流才子群流芳后世的原因所在，也是唐伯虎狂士形象的不朽魅力所在。

　　如果我们冷静地考察，可以看到唐伯虎狂诞的目的荦荦大者有以下三端。

其一，如果说，道家炼丹，佛徒打坐，目的是追求生命的长度，是为了长寿，那么唐伯虎的风流放诞的目的则是追求生命的密度，是为了享乐。伯虎历来不信道、佛长生之说，《言志》诗曾明白地说道："不炼金丹不坐禅。"《说圃识余》记叙了这么一个故事：

有一天，有个术士求见，对伯虎夸耀炼丹术的妙处。伯虎说："先生既有此妙术，何不自己使用，而为什么要送与别人呢？"术士说："此术虽是我所有，而仙福却不易得到。我阅人多矣，而仙风道骨，没有谁比得上先生。现在先生有些福，而遇到我有此术，合而为之，没有办不成的事。"伯虎笑道："这样就容易了！我有空房在北城，很僻静。我只出仙福，先生担任修炼，炼成金丹后两人分用，岂不是好？"那个术生还不明白伯虎是在奚落他，就拿出一柄扇子求诗。于是伯虎一挥而就：

> 破布衫巾破布裙，逢人便说会烧银。
>
> 君何不自烧些用？担水河头卖与人。

术士才如梦方醒，惭愧而去。伯虎《花下酌酒歌》更坦率地宣传及时行乐：

> 九十春光一掷梭，花前酌酒唱高歌。
>
> 枝上花开能几日？世上人生能几何？
>
> 昨朝花胜今朝好，今朝花落成秋草。
>
> 花前人是去年身，去年人比今年老。

今日花开又一枝，明日来看知是谁？

明年今日花开否？今日明年谁得知？

天时不测多风雨，人事难量多龃龉。

天时人事两不齐，莫把春光付流水。

好花难种不长开，少年易老不重来。

人生不向花前醉，花笑人生也是呆！

诗句平易通俗，动人心扉，其中有些句子已经成了人人常说的"口头禅"了。《唐伯虎轶事》还记载伯虎看到春去花落，则"大叫恸哭"，"遣小伴一一细检，盛以锦囊，葬于药栏东畔，作落花诗送之"。这恐怕就是《红楼梦》中"黛玉葬花"一节的原型和素材，通过曹雪芹先生的生花妙笔，震撼着一代代少男少女的心灵。但是，考察唐伯虎的风流放诞，透过一派杯觥交错、花月啸谈，我们见到的只是一种巨大的悲哀。明中叶资本主义经济在苏州地区迅速发展，儒教礼制逐渐被冷落，这种思想解放的局面带来了人的觉醒。唐伯虎意识到自身的存在价值，也就愈益热恋宝贵的生命，而愈益感受死亡的悲哀。他曾用自白式的口语写了一首《七十词》，可视为对生死问题的反思：

人生七十古稀，我年七十为奇。前十年幼小，后十年衰老；中间止有五十年，一半又在夜里过了。算来止有二十五年在世，受尽多少奔波烦恼。

这是大白话，又是大实话。显然，这种反思是成熟而痛苦的。既然人生短促，无论贤愚善恶、无论贵贱美丑都难免一死，那么还有什么必要计较事业声名呢？还有什么理由来控制、压抑血肉之躯的欲望呢？因此，唐伯虎诅咒服食坐禅，采取了诗酒风流的态度，亦即放弃了对生命长度的追求，转而追求生命的密度，他的风流放诞是为了享乐，其享乐观又由悲哀的理论积淀而成。

伯虎的风流放诞的目的之二是远祸全身。明中叶朝政腐败，宦官当权，出现了极端黑暗的专制政治。出身小店主家庭的唐伯虎意识到周围的环境危机四伏，感到极端苦闷和压抑。他曾在《题子胥庙》中一抒感愤：

白马曾骑踏海潮，由来吴地说前朝。

眼前多少不平事，愿与将军借宝刀。

这大概是伯虎浪游杭州之作。俗话说："庐山烟雨浙江潮。"钱塘江潮确是大自然的奇异景象。传说那滚滚的浪潮，是春秋时名将伍子胥的英灵，骑着白马，驱使着海族兴波犯岸，以舒泄他屈死的悲愤。伯虎由历史上的冤屈，想到了"眼前多少不平事"，意欲去除邪佞。

然而，牢骚尽管发，文人才士的力量毕竟难以改变黑暗龌龊的现实。于是，伯虎选择了放诞佯狂，用纵酒作慢形之具，来躲避政治上的灾害和人事上的纠纷。这方面，伯虎是一个成功者，正德九年（1514），建藩江西南昌的宁王朱宸濠慕伯虎才名，征聘他到南昌。伯虎在宁王府觉察到朱宸濠有反叛的企图，便假作癫狂，使朱感到他失去了利用价值，脱身回到了苏州。五年后，朱宸濠起兵反叛被平定，伯虎居然没有卷入旋涡，逃避了杀身之祸。

伯虎风流放诞的第三个目的是自我超越，有利于艺术创造。风流放诞的生活方式与超尘脱俗的精神追求之间原来就存在某种微妙的联系。唐伯虎是文学之士，又是职业画家，他对"真"境的追求是必然的，他必须努力摆脱世情的牵累。从这个意义上说，风流放诞是唐伯虎追求超越的意境美的渡舟。因此，他自称"龙虎榜中题姓氏，笙歌队里卖文章。蹋跌说法蒲团软，鞋袜寻芳杏酪香"（《漫兴》之二）。干脆和妓女为伍，与和尚说禅；因此，他常常乘醉泼墨，听曲挥毫，"头插花枝手把杯，听罢歌童看舞女"（《默然自省歌》）；因此，他"常坐临街一小楼，惟乞画者携酒造之，则酣畅竟日"（蒋一葵《尧山堂外纪》），过着市民艺术家的生活。因此，行家以为他工于画美人，是因为"其生平风韵多也"（王敬美《跋陈玉叔倦绣图》）。他也许丝毫感觉不到自己的放浪形骸。他觉得重要的是，艺术能够使他得到创造的乐趣和满足，从而使生命显得美好充实。

不过，风流放诞也许只是伯虎性格的外露的一面，就其潜在的内质而言，伯虎其实是一个感情极为细腻含蓄的人。我们只要试看他撰写的《祭妹文》和《唐长民圹志》，柔情哀思，如水银泻地，而又入情入理。在府学读书时，他曾作有一首《伥伥诗》，表露了这个风流少年复杂而敏感的情思：

伥伥莫怪少时年，百丈游丝易惹牵。

何岁逢春不惆怅，何处逢情不可怜。

杜曲梨花杯上雪，灞陵芳草梦中烟。

前程两袖黄金泪，公案三生白骨禅。

老后思量应不悔，衲衣持钵院门前。

　　阎秀卿《吴郡二科志》评论此诗预示了伯虎的人生道路，"允与其事合，盖诗谶也"。这种看法是颇为主观的，我不敢苟同。相反，我以为此诗写得比较幼稚，他写自己为每一个春天惆怅，为每一次恋情伤感，在惆怅和迷惘中，他渴望着幸福，寻觅着欢乐。此诗呈现了一颗少年的多情心灵，坦率真挚，却又带几分拘谨羞涩，与世所艳称的伯虎的风流放诞大异其趣，表现了伯虎内心世界的另一面。

第三章 乡 试

秋月攀仙桂，春风看杏花。
一朝欣得意，联步上京华。

——《题画》

一

霜落飘飖，鸦栖无巢。毛羽单薄，雌伏雄号。

——《短歌行》

　　唐氏兄弟长成少年，婚配的问题马上产生了。这方面的文字资料是极为缺乏的，我们只知道伯虎大约十九岁时娶妻徐氏，其弟子重，娶妻姚氏。由于其时伯虎已入府学，并且受到吴中诸耆旧的推重和游誉，婚配当然脱离了商界。徐氏是徐廷端的次女，出身读书人家。伯虎婚后的生活是和谐的。《唐伯虎全集》卷一中有《失题》一首，中有句云："夫妻八尺床，风雨一双鬲。于人无忮求，于世无乞索。"我以为就是叙说他与徐氏的婚后生活的。清寒贫苦而甘为淡泊，人丁缺乏而相濡以沫，所以诗的末尾说："君能知此趣，吾诗所以作。"

　　然而好景不长，令人"怅怅"的青春时代刚刚过去，温暖安定的婚姻生活刚刚开始，死亡的阴影就笼罩着寒素的唐家。先是久病的父亲唐广德去世了。临终之时，唐广德还对年幼聪慧的小女儿放心不下。作为长子，而且是府学生员，唐伯虎须担当起家事的重担。他自己说："迩来多故，营丧办棺，备历艰难，扶携窘厄。"（《祭妹文》）这中间有精力上的困倦，也有经济上的窘迫。

既然命运将唐伯虎推到了家长的位置，他也就打点精神，勉力为之。在自己因操劳过度，大病了一场之后，他主办了小妹的婚事。

然而，妹妹的出嫁似乎没有给这个不幸的家庭带来福祉。接着，伯虎的母亲去世了。

再接着，出嫁的妹妹偏偏遇上了不善良的丈夫，心情抑郁苦闷，加上身子本来就单薄多病，不久就死去了。对于小妹的死，伯虎是很悲伤的，他写了一篇情深意挚的《祭妹文》，一抒自己的"支臂之痛"。他在文中说，生死本来是人之常理，没有谁能够避免。如果是年老善终，就只会归结为天意，而不会为之感到冤枉，隐然疾痛之心，也会久而渐释。但妹妹偏偏年纪轻轻的就命赴黄泉，自己的悲伤什么时候能够释解呢？

再接着，徐氏夫人也病死了。几本有关唐伯虎的记叙都说他只有两娶。"最有力"的根据就是祝枝山《唐伯虎墓志铭》所说"配徐，继沈"。对此笔者不敢苟同。伯虎晚年娶妻沈氏是无异议的，但是如果沈氏之前伯虎只有一个妻子的话，那么唐伯虎《与文徵明书》中所说的"夫妻反目"，尤侗《明史拟稿》所说的"尝缘故去其妻"，都是指的徐氏了。但这样一来，又如何解释《唐伯虎文集》中的《伤内》诗呢？伯虎此诗凿凿无误地哀悼自己的亡妻，应该是最可信的材料，而极有可能的是因为继室不贤，夫妻不睦，继而休逐，所以祝枝山的《唐伯虎墓志铭》就不予题记了，"为尊者讳"，这也是墓志铭一类刊石文字的惯例。

对于徐氏的病故，伯虎是很悲痛的，《伤内》诗云：

凄凄白露零，百卉谢芬芳。
槿花易衰歇，桂枝就销亡。
迷途无往驾，款款何从将？
晓月丽尘梁，白日照春阳。
抚景念畴昔，肝裂魂飘扬！

诗中说，我悲伤得外出也迷失了道路，恳切思念之情又何从送达呢？晚上月亮照在空荡荡的屋里，白天阳光又照耀着周围环境，我注视眼前景物，回忆起往日情景，心动魂悸，不能自已。

父亲、母亲、妹妹、妻子，相继病殁，人生的打击一个接着一个。用伯虎的话说："夙遭哀闵，室无强亲，计盐米，图姻嫁，察鸡豚，持门户。明星告旦，而百指伺哺，飞鼠启夕，而奔驰未遑。"（《上吴天官书》）

文中的"百指"，指的是十口之家，伯虎说自己整天家累操持奔走。这些都发生在弘治七年（1494）唐伯虎二十五岁以前。

二

名不显时心不朽，再挑灯火看文章。

——《夜读》

亲人接二连三地亡故，使年轻的唐伯虎深切地感受到死亡的无情和
迫近。生活促使他进一步思考生命问题，对他的思想发展产生了两方面
的影响。一方面，是他原本存在的"生命短暂，及时行乐"的思想。经
过身边这些亲人的一一离去，他对"生命短暂，及时行乐"这一残酷真
理有了更深的认识。另一方面，他想到人的肉体既然如此容易消亡，何
不托化为不朽之功业呢？遂产生了求取功名、一展抱负的进取愿望。他
二十五岁时，回顾近年生活的惨痛，曾写有《白发》诗：

清朝揽明镜，玄首有华丝。

怆然百感兴，雨泣忽成悲。

忧思固愈度，荣卫岂及衰。

夭寿不疑天，功名须壮时。

凉风中夜发，皓月经天驰。

君子重言行，努力以自私。

看到头上早生的白发，联想到亲人的去世，伯虎感到了死亡的迫
近，这是人类永远不能超越的大限啊！然而，年轻的生命力和洋溢的才
华又激发他奋起抗争，乘壮时求取功名，不屈服于命运。及时行乐与追

求功名，这是对待死亡威胁两种不同的态度，反映了青年唐伯虎的人生观的内在矛盾。以后，他经过科场冤狱，仕途无望，继室又离去，建功立业之念灰飞烟灭，及时行乐的思想于是发展为他的人生观的主要方面。

要追求功名，就必须参加科举考试。依明代的制度，已经是府学生员的唐伯虎，以后要参加的科举考试为乡试、会试、殿试三级。乡试每三年一次在各省省城（包括京城）举行，逢子、午、卯、酉年为正科，遇庆典加科为恩科。明代称乡试为"大比"，乡试之年为大比之年。因考期在秋季八月，所以乡试又称"秋闱"。乡试考中的称举人，俗称孝廉，第一名称解元。经过乡试考中举人后才能参加第二年春天在礼部举行的会试。经过会试考中的贡士才能参加由皇帝亲自主持的殿试。眼下，唐伯虎要参加的是弘治十一年（1498）戊午应天（今南京）的乡试。他必须在三四年内很好地准备功课。

说到功课，明代的乡试、会试，专取四书及五经命题。其文略仿宋代经义，但措辞要用古人语气，即所谓代圣贤立言。结构有一定的程式，字数有一定的限制，句法要求排偶，这种文体称为八股文，亦称制义、制艺、时文、时艺。八股文格式严谨拘板，内容限制狭窄，无论对个性、对感情的抒发以及形象思维，都是很大的束缚，因此，往往为一些古文学家所不齿。伯虎生性豪放狂宕，对古文及唐诗宋词又极热爱，且钻研极深，当然不会全身心地投入功课，加之在情绪上还没有从丧亲之痛中解脱，所以伯虎在复习功课上显得心不在焉。弘治十年（1497）的一天，祝枝山规劝他说："你想要完成先人的愿望，应当权且从事时文课业，如果一定要依着自己的兴趣，那么就可以脱下秀才衣巾，烧掉科举书籍。现在你徒然挂名府学，但不去看功课书，这是为什么呢？"

伯虎答道："好。明年正是大比之年，我且试用一年的精力攻读，如果达不到志愿，就丢弃功名算了！"

于是，唐伯虎说到做到，闭门读书，也不与朋友来往，开始了紧张的复习。攻读生活是紧张而艰苦的，由于文字资料不多，我们只能从他的一两首诗词和祝枝山的《唐伯虎墓志铭》中揣想其大概。

唐伯虎主要攻读四书五经，练习作八股文。他的学习方法很特别，不去找时辈同学讨论研究，只是自己将以前用心读过的《毛诗》与四书，再从头攻读，从中化用成典，练习作时文。《唐伯虎全集》现存制义共十七篇，内容当然无可取，但用八股文的眼光来看，还是颇见功力的。他作有《夜读》七律一首，真实地记录了这一段的攻读生活：

> 夜来欹枕细思量，独卧残灯漏转长。
>
> 深虑鬓毛随世白，不知腰带几时黄。
>
> 人言死后还三跳，我要生前做一场。
>
> 名不显时心不朽，再挑灯火看文章。

全诗明白如话，对衰老迫近的恐惧，对博取官职的向往，溢于言表。诗意当然稍嫌庸俗，只是五、六两句放诞不羁，活脱脱露出了一派才子本色！

无疑，在闭门准备科举考试的这两年里，唐伯虎的头脑中追求功名的欲念是急剧膨胀的，而及时行乐的思想却被压抑着。《唐伯虎全集》卷五有一篇《上吴天官书》就是一篇干谒文字。按古代的习惯称呼，

綠水紅橋夾杏花 數間茅屋 主人莫掃有花著書 須不掃 唐寅

唐寅 | 杏花草堂图

唐寅｜贞寿堂图

春山伴侶兩三人，摡浦寻花
不厭頻頻好去来，泉绕池上石礊
沼塘堂静無塵　唐寅

唐寅—春山伴侣图

唐寅—墨竹图

唐寅 | 王文恪公出山图

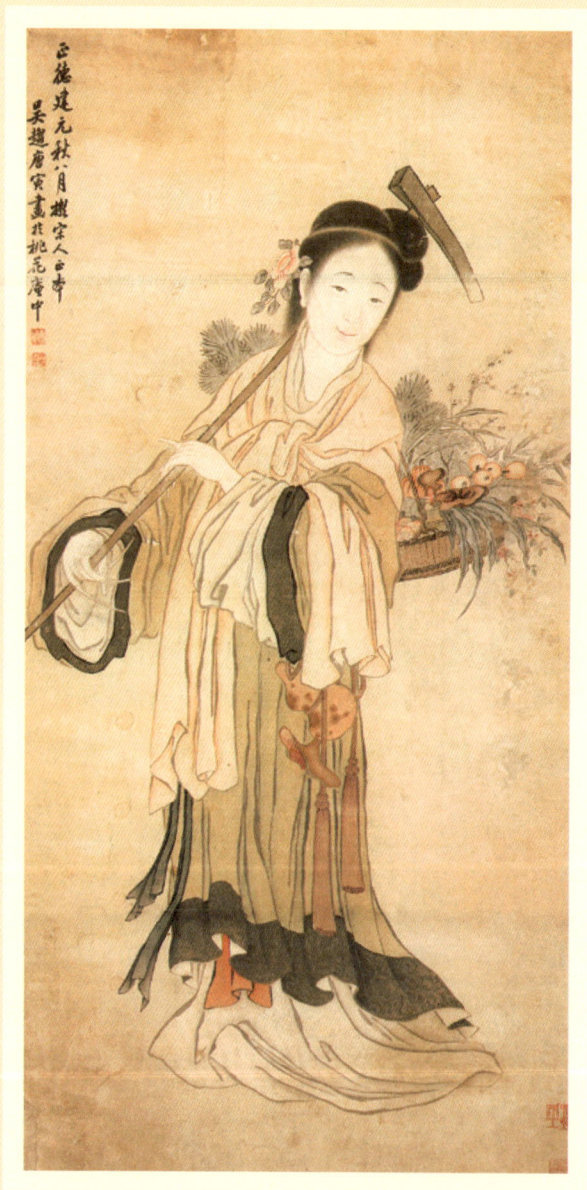

唐寅　麻姑献寿图

秋来纨扇合收藏　何事佳人重感伤　请托世情　详细看　大都谁不逐炎凉　晋昌唐寅

唐寅　秋风执扇图

清時有隱倫衣冠阿
誰肯幽澗納飛流空
山苔長嘯唐寅

唐寅 | 空山长啸图

唐寅 观梅图 局部

吳門唐寅為
穀菴作

唐寅 | 毅庵图

深山大澤可推漁高蓑
清泉越讀書白髮青
衫便授老夫人狮鉄恨
無身唐寅

唐寅 | 清泉高荫图

天官是吏部官吏。吴天官大约也是苏州人，所谓"瞻桑仰梓，得俱井邑"。伯虎在这篇书信中诉说了自己的困苦无援，将天官大大地吹捧了一番，最后，"谨录所著执贽"，将自己的作品呈上，希望得到天官的赏识和游誉。当然，这是求取仕进者的"传统手法"，古之贤豪如李白、韩愈等都未能免俗，但也说明了唐伯虎在这一时期的思想倾向。试读下面所引《贫士吟》十首，却看不见为人们所熟悉的风流倜傥的唐解元，出现的只是被《红楼梦》中贾宝玉所嘲讽的"禄蠹"：

贫士囊无使鬼钱，笔锋落处绕云烟。
承明独对天人策，斗大黄金信手悬。

贫士家无负郭田，枕戈时着祖生鞭。
中原一日澄清后，裂土分封户八千。

贫士居无半亩廛，圮桥拾得老人编。
英雄出处原无定，麟阁勋名勒鼎镌。

贫士舆无一束薪，腰间神剑跃平津。
辕门一出将军令，万灶貔貅拥后尘。

贫士庚无陈蔡粮，撰成新疏凤鸣阳。
明朝矫发常平粟，四海黔黎共太仓。

贫士衣无柳絮绵，胸中天适尽鱼鸢。
宫袍着处君恩渥，遥上青云到木天。

贫士园无一食蔬，带经犹自力耘锄。
讲筵切奏民间苦，酋俗烹葵七月初。

贫士瓶无一斗醪，愁来拟和屈平骚。
琼林醉倒英雄队，一展生平学钓鳌。

贫士灯无继晷油，常明欲把月轮收。
九重忽诏谈经济，御撤金莲拥夜游。

贫士门无车马交，仰天拍手自吟嘲。
声名举借时人口，会见清时拔泰茅。

　　贫士一无所有，而一旦身跃龙门，就什么都有了，不仅自己丰足，而且泽及于人，出将入相，作威作福。漫画式的幻想，幻想式的漫画，真正是一枕黄粱再现！

　　当然，《贫士》十首是勤读经书、苦练八股的唐伯虎于头昏脑涨之际萌发的非非之想。但难能可贵的是在追求功名、热望仕进的同时，他也本着儒家"修身、齐家、治国、平天下"的入世哲学，比任何时候都更留心国事，关心民瘼。当时吴县县令赴京陈事，吴县士绅在野外旗亭设帷帐备筵饯别。伯虎是府学生员，又是当地有名的少年才子，因此他也参加了这次饮宴，席上他写了两首词，表现了自己关心民瘼、系念苍生的情怀，是《唐伯虎全集》中不可多得之作。

　　天子睿圣，保障必须贤令。赋税今推吴下盛，谁知民已病！
　　一自公临邑政，明照奸豪如镜。敕旨休将亲侍聘，少留安百姓。

（《谒金门》）

　　君王意在恤黎民，妙选英贤令要津。金字榜中题姓氏，玉琴堂上布阳春。　　歌梓道，上枫宸，青骢一骑涨黄尘。九重夜半虚前席，定把疲癃仔细陈。

（《鹧鸪天》）

　　大概这位吴县县令是位好官，故而伯虎颂扬他政简刑轻，无为而治，地方安定，请求皇上不要将这位县令调京，让他再留任一段时间以安抚百姓。如果说，这还算是饯别词的套话的话，那么下面两点就颇有骨髓了。一是指出"赋税今推吴下盛"。苏州是当时丝织业中心，工商业发达，自然也成为封建统治阶级进行苛重的征税和勒索的重点。朝廷派出提监织造，到处设立税所，强行加征。他们强要织户每张织机交税银三钱，新织的缯帛每匹纳银三分，才允许出售。又分别在水陆要冲设置关卡，滥征过往商税。加之苏州常发水灾，人民忍饥挨饿，生活尤其困苦。当时流传着一首民谣唱道："四月水杀麦，五月水杀禾。茫茫阡陌殚为河。杀禾杀麦犹自可，更有税官来杀我。"伯虎在词中直指赋税之重使得"民已病"，揭露了封建弊端。二是希望吴令能为民请命。

71

《鹧鸪天》结尾"九重",指代皇帝。"夜半虚前席",为垂询意见之意。前席,向前移动坐席。《史记·屈原贾生列传》载,汉文帝接见贾谊时,"问鬼神之本。贾生因具道所以然之状。至夜半,文帝前席"。"疲癃",老病之状。这两句意思是:要是皇帝向你询问,请一定将民间的疾苦详细陈述。唐伯虎生性率真正直,卑微的出身和坎坷的生活道路使他可能接近下层群众,体察民间疾苦。他目睹民不聊生的社会现状,产生了强烈的同情心,发而为诗词,是极为难能可贵的。

对于一个封建文人来说,追求仕进与关心国事民情之间确实存在着微妙的联系,而关心国事民情与人微言轻之间又存在着巨大的反差。因而在这一时期,唐伯虎头脑中报国无门之情油然而生,他写了一篇《惜梅赋》,用优美的语言,创造出一种特殊的音调和气氛,使读者沉浸在一片怨愤凄绝的淡淡的香雾之中。因文属赋体,为便于阅读,谨语译于下:

县衙的庭院里有几棵梅树,我不知道是什么时候种植的。树影稀疏,覆盖一方;暗香飘浮,传播数里。经历着雨雪的侵凌而更加繁盛,承受着明月的照耀而越发奇丽。然而生不得其地,庸俗的事物混杂在它幽娴的姿影周围:前边是衙吏办事的地方,嘈杂而忙乱;后边是关押囚犯的牢狱,传来囚徒悲泣呻吟的声音。虽然梅花本身对这种环境还是能适应的,但按人的意思来考察却并非相宜。既不能够作为美好的果实贡献于商朝的炊器,也不能够作为微薄的犒劳贡献于曹魏的军队。既不能够将孤傲的树根寄托于绿竹之间,又不能顺应疏懒的野性生长在水边。为未遇到喜爱梅花的驿使而惆怅，听见频频吹奏《落梅花》的羌笛而惊醒。只恐怕容易到飘零的时候，虽然姿态清绝又有什么办法呢！别人还以为这些梅树生长得不是地方，劝说我将它们砍伐。唉呀！我听说过美好而祥瑞的幽兰，因为对着门户生长，就遭到夷除。这是古人的缺点，我想仁者不会这么做的。我曲折地绕行几步，借梅树下的一席之地，对着它寒艳的姿影而饮酒，嗅着它清远的香气而赋诗，这难道不是好事吗？

寥寥数百字，却敏感地记录了一个存在于心灵之中的佳境。无疑，所生非地的寒梅就是身处劣境的作者的生动写照。"既不得荐嘉实于商鼎，效微劳于魏师"，上句出于《书经·说命》："若作和羹，尔惟盐梅。"这是商高宗命傅说做相的比喻之辞。梅酸，盐咸，作调味品，比喻傅说为国所需。下句用曹操行军时"望梅止渴"的故事。两句抒发了作者报国无门的怨愤之情。

书生要报国，首先要取得科举胜利。为了在困顿中燃起希望之火，弘治十一年秋天，唐伯虎终于踏上了应试南京的征途。动身的时候，伯虎想得很多，他想起了当酒店业主的父亲的期望，想起了早死的可怜的妻子和妹妹，他还想起了早两年自己曾写了封信给文林，文林读后觉得文字奇伟，将信给刺史曹凤看，曹凤大为惊奇，叹道："此龙门燃尾之鱼，不久将化去。"（阎秀卿《吴郡二科志》）自己果真是一条化龙之鱼吗？在南京，等待着自己的是什么呢？

三

领解皇都第一名，猖披归卧旧茅衡。

——《风雨浃旬……奉寄孙思和》

弘治十一年（1498）秋，唐伯虎到南京参加乡试。据《明史·选举志二》，顺天（北京）乡试称北闱，应天（南京）乡试称南闱。南京正是南闱，即明朝江南科考举人之地。伯虎生性豪宕，除了参加科举考试外，还畅游了南京的名胜古迹。

南京，战国楚置金陵邑，秦称秣陵，三国吴称建业，晋称建康，明改为南京。据说蜀汉诸葛亮观察南京形胜，长叹道："钟山龙蟠，石头虎踞，此帝王之宅！"（《太平御览》卷156引晋张勃《吴录》）三国吴，东晋、宋、齐、梁、陈，五代南唐、明初均建都于此。这些历史陈迹，当然加深了唐伯虎的兴亡之感。而当时南京的繁华，商店林立、酒楼栉比，又给性好冶游的唐伯虎带来了新鲜的刺激。南京佳丽云集，以有明一代号称极盛，故仕宦者夸为仙都，游谈者据为乐土。据余怀《板桥杂记》记叙，明代南京妓女分为三等，分布于南市、珠市和旧院三个区域："南市者，卑屑妓所居；珠市间有殊色；若旧院则南曲名姬、上厅行首在焉。"而秦淮河两岸河房则更为风流数泽，真是山温水软，风月撩人，一河脂粉，两岸笙歌。南京冶游，最时兴携名妓乘画舫以游秦淮。每年自夏初至仲秋，秦淮河水涨波荡，常有游船数百，震荡波心，清曲南词，十番锣鼓，腾腾如沸，各擅所能。一到夜晚，则烛笼炫耀，倩妆倚栏，桨声灯影，声光缭乱。这些画舫名妓多以吹弹歌唱为能事，或歌南曲，或唱小调，合以丝竹鼓板，五音和协，豪迈者令人吐气扬眉，凄婉者亦足以销魂落魄。知音者或于酒阑时倾慕再三，必请妓女重唱一二，而客也歌而和之。唱者以知音互赏而忘倦，听者也以雅会难逢而忘返（见武舟《中国妓女生活史》）。乡试分三场，八月初九日第一场，十二日第二场，十五日第三场。考试之前，那些应试的生员忙于复习，当然无暇亦无心冶游，而一旦考完出场，考生们大多呼朋聚侣，勾栏买醉，追歌征舞，借以放松积年来紧张的神经，满足自己的声色之欲。唐伯虎旅食南京时，也于试后参加了很多文酒之会和声色之游。

有一次，在一位士绅家，文士云集，大家有感于南京繁华，命题作《六朝金粉赋》。唐伯虎笔不停挥，用流丽妩媚的行书首先写成。大家围观诵读，当读到"一顾倾城兮，再倾国；胡然而帝也，胡然天"这几句时，啧啧称赞，叫好不迭。秋榜未放，而苏州才子唐伯虎的大名早已传遍了南京城。

当时，南京有一个妓女能够作诗，常与文士结交，也常参与文酒之会，有"诗妓"之称。她听说苏州生员唐伯虎风流俊俏，诗画全才，十分倾慕，却又无缘与伯虎结识。伯虎知道后，故意穿上破敝的衣服，装出一副落魄寒酸的样子，从那个"诗妓"的画舫前穿过。这时"诗妓"正凭栏顾盼，一见伯虎那瑟瑟缩缩的样子，禁不住嘲讽地一笑。伯虎是何等聪明之人，早已窥见"诗妓"庸俗的内心世界，于是扬手对她说：

"倚楼何事笑嘻嘻？"

"诗妓"果然出口成章："笑你寒儒穿布衣。"

伯虎续云："锦绣空包驴马骨，那人骑过这人骑。"吟罢仰天大笑而去，"诗妓"满面羞惭，半晌都动弹不得。（见《风流逸响》）

　　当然，这是嬉笑怒骂之类，算不上艳遇。伯虎应试南都确有真正的艳遇，并且后世也传为奇谈。考前的一日，伯虎偶然出外走走，经过一座小楼，楼上珠帘卷处，有一位美丽的少女正向他注目。也许是在哪一次文酒之会中听过伯虎吟诗唱曲，也许是在邻舫隔舱见过文士们向伯虎围拥索画，这少女认出了楼下驻步的书生就是思慕已久的唐伯虎。伯虎也惊羡少女的美艳，四目相见，情愫已通。原来这少女是某指挥使的千金，她久慕伯虎才名，岂肯将机会放过？但她也知道伯虎是应试生员，试前功课甚紧张，于是暗写手书，嘱使女送交伯虎，约他八月十五日试毕后，半夜前来赴会。伯虎得信大喜，藏在箧中。过了几天，伯虎偶然外出，他有个朋友不经意翻动他的箱箧，猛地看到了这封信，即将信藏了起来。等到八月十五日考试完毕，这个人设下计谋，请来很多宾客，强拉着伯虎喝酒。伯虎坚辞不脱，你一杯我一杯地被灌醉了。于是他的这个朋友就假冒伯虎，前往女家赴约。半夜，他与少女相会，正在欢乐时刻，被少女做指挥使的父亲觉察，一怒之下，将男女两人都杀了。等到唐伯虎急急赶往女家赴约，在半路上听见人家纷纷传说，某指挥使家发生奸情，作奸男女均被杀。伯虎听后大惊，慌忙躲避了。（见《唐伯虎轶事》卷二）

　　唐伯虎应试南京偶逢艳遇是一奇事；因偶然的阴差阳错免了幽会之祸，又是一奇事；南京之行不仅幸免于难，而且高中榜首，更是一大奇事。弘治十一年应天乡试放榜，唐伯虎得中第一名解元。放榜后，由巡抚主持鹿鸣宴，招待考官及新科举人，席间唱《鹿鸣》诗，跳魁星舞，着实热闹了好几天。江南乡试解元，在科举场中是"含金量"很高的，因而具有很高的荣誉，得到这个荣誉就表示他立刻变成全国第一流的文士和名人了。

当时阅卷者有洗马梁储，他看了唐伯虎的试卷后，叹道："难道士子中还有这样的奇士吗？今科的解元就在这里！"放榜后，梁储回到京城，在一次宴会上，对将于明年总裁会试的詹事程敏政说：

"我在南都取录了一批明年可来京师的人，其中唐寅为最，他才华横溢，其实应天乡试解元还不足以表现他的大才呢！请您将来奖掖他。"

程敏政说："我早就听说了，唐寅是江南奇士啊！"

于是，梁储就将伯虎的文章呈献给程敏政，程敏政也非常赞赏他。这样一来，在参加会试以前，唐伯虎的才名早已传遍京城，声誉鹊起，成了达官贵人竞相拉拢的对象。

虽说伯虎受好友祝枝山、文徵明的影响，看不起举业，但虚荣和苦学求仕的成功感却使他对这种世俗的荣誉欣喜不已。在他的印章当中，有一方阳文印"南京解元"，还有一方阳文印"龙虎榜中名第一，烟花队里醉千场"，扬扬得意，眼空一世，即使在他后来遭受科场冤狱、绝意仕途时，也念念不忘打在画上；又有一方阴文印"江南第一风流才子"，所谓"第一"，当然也暗指这次江南乡试第一。凡此种种，与其说是伯虎迎合世人的俗见，还不如说体现了这次获得解元在伯虎自己心目中的分量。他此时的沾沾自喜、扬扬自得与非非幻想，集中表现在《领解后谢主司》一诗中：

壮心未肯逐樵渔，泰运咸思备扫除。

剑责百金方折阅，玉遭三黜忽沽诸。

红绫敢望明年饼，黄绢深惭此日书。

三策举场非古赋，上天何以得吹嘘！

诗中直率地表白了自己求仕的"壮心"，一方面对这次乡试的成功表示欣悦，一方面又对明年的会试寄予殷切的希望。他踌躇满志，仿佛今年的胜利就是明年的预演，蟾宫折桂，唾手可得。然而，痴情转化为幻梦，幻梦融注着痴情，弘治十二年（1499）的京师之春，等待着伯虎的却是一场巨创至痛的灾难。

附 **惜梅赋** 原文

县庭有梅株焉，吾不知植于何时。荫一亩其疏疏，香数里其披披。侵小雪而更繁，得陇月而益奇。然生不得其地，俗物混其幽姿：前胥吏之纷拏，后囚系之嘤咿。虽物性之自适，揆人意而非宜。既不得荐嘉实于商鼎，效微劳于魏师；又不得托孤根于竹间，遂野性于水涯。怅驿使之未逢，惊羌笛之频吹；恐飘零之易及，虽清绝而安施。客犹以为妨贤也，而讽余以伐之。嗟夫！吾闻幽兰之美瑞，乃以当户而见夷。兹昔人之所短顾，仁者之不为。吾迁数步之行，而假以一席之地，对寒艳而把酒，嗅清香而赋诗，可也。

第四章　科场冤狱

众世皆罗网，怜君独羽毛。

——王宠《赠唐伯虎》

一

莫嫌此地风波恶，处处风波处处愁。

——《题画诗》

弘治十二年（1499）新年刚过，天气晴朗而清冷，苏州城外的山野上还有着积雪，尤其邓尉山香雪海，漫山遍野，梅花似雪，与地上的积雪相映，暗香浮动，显得十分清幽。唐伯虎与苏州大多数的举子都择吉日动身进京了。

京师的会试定在三月，在礼部举行，又称礼闱或春闱，逢辰、戌、丑、未年为正科，若乡试有恩科，则次年亦举行会试，称为会试恩科。弘治十二年岁在己未，正是会试正科。参加会试的必须是各省的举人，会试考中的称贡士，俗称"出贡"，别称明经，第一名称会元。被录取的贡士则可在同年参加由皇帝亲自主持的殿试，录取分三甲：一甲取三名，赐进士及第，第一名称状元，第二名称榜眼，第三名称探花，合称三鼎甲。这就是科举时代封建士子的最高荣耀了。行前，踌躇满志的唐伯虎泼墨流丹，画了一幅《杏花图》。因为会试在春天，杏花又称及第花，唐代郑谷《曲江红杏》就有句云："女郎折得殷勤看，道是春风及第花。"伯虎还在画上题了五绝一首：

秋月攀仙桂，春风看杏花。

一朝欣得意，联步上京华。

首句写去年秋天的乡试胜利，第二句写今春的会试，三、四句寄托了自己科举登第的希望。读来使人联想孟郊的《登科后》的诗句："春风得意马蹄疾，一日看尽长安花。"旧时文人多有"试笔"的习惯，也就是图个吉利的意思。看来开端是不错的。由于梁储的推荐，唐寅声名鹊起，这年会试的总裁（即主考官）恰好是赏识他的程敏政，礼部尚书、内阁大学士、当时的文坛领袖李东阳更是爱才如命，对他青眼有加。程敏政、李东阳以及其他礼部官员都已议论好要让唐伯虎成为本科会元，为此科增光。更大的荣耀在等待着他。

明朝时从苏州到北京是坐船由大运河北上，折入卫河、白河，约一千多里水路到达北京。苏州地区是才子之乡，多苦学之士，举子也不少，这年赴京赶考的如都穆、徐经等都是伯虎的好朋友。为了节约开支，举子们往往两个人合雇一船，舱内图书铺叠，二人对卧，谈诗论文。在赴考时期，运河里到处可见这种小舟，或首尾衔接，或两舟伴行，单调的咿呀橹声应和着舱内抑扬顿挫的吟哦声，悠悠水路，竟月不辍。应徐经之邀，伯虎与他同舟赴考。

徐经是江阴人，他的曾孙就是后来足迹遍布大半个中国，游记文情并茂的赫赫大名的旅行家徐霞客。徐霞客是豪侠之士，其实也是继承了乃祖家风。徐经拥田万亩，富甲江南，兼之豪宕不羁，性格外向，喜欢结识朋友，在苏州时就与唐伯虎友善。时间回溯到四年前，当时徐经是国子监的太学生，他也参加了弘治八年（1495）乙卯岁的南京乡试，因他家资殷厚，本人又出手大方，竟然买通考官，得到了试题的有关内容。徐经素来佩服唐伯虎，又同是歌筵诗酒的朋友，就将自己已打通了考官关节的事及试题的有关内容告诉伯虎，请教做法。后来果然得中第四十一名，事后当然非常感激唐伯虎。三年后，唐伯虎参加弘治十一年戊午岁的乡试，并且高中解元，徐经对伯虎更加佩服得五体投地。他们都取得了参加弘治十二年礼部会试的资格。因此，这年春天赴京会试，徐经热情地邀请伯虎同舟而行，一路上更是整治菜肴，殷勤相待。

到了北京后，徐、唐两人又一同找客栈住下，来往更是密切。当然，伯虎文誉正盛，京师吏绅与各省举子争相拜访筵请，车马常常使客栈所在的街巷都拥挤堵塞了。徐经特别恭维伯虎，为了给伯虎"摆谱"，特地要自己随身所带的几个小僮跟随伯虎外出，前后服侍。临近考试时，徐经仗着有钱，故技重施，收买了会试总裁程敏政的家人，弄到了试题。他又请唐伯虎代他起草。唐伯虎当然也知道这些题目来路不明，但一则试前做模拟卷子是常见的准备功课，举子们大都根据前辈的揣测命题演习撰写，以期幸中；二则认为自己才高，取会元易如反掌，为人代草试卷不过是小菜一碟；三则好友之托，不好意思推辞，所以就替徐经做了。会试进场，试题出来，果然是徐经所出示请代做的题目，伯虎又好笑又好气，只是觉得钱能通神信矣，科场之弊大矣，如此而已。试后，胸无城府、不谙世故的伯虎在与都穆聊天时，就将此事作为怪事笑谈告诉了都穆。

都穆字元敬，是吴县人。他是一个著名的苦学之士，兼之为人聪明，早年与祝枝山一起提倡古文，弘治十二年中进士，后来官做到太仆少卿。据说每到雨猛风急的深夜，谁家如果灯烛熄灭了，又有急事，到处寻讨不到火种，这时别人一定会提醒："南濠都少卿家有碗读书灯！"去叩门讨火，都穆果然还在读书，可见他一生勤奋治学，到老不疲。平心而论，都穆并不是一个坏人。然而，说者无心，听者有意，伯虎泄露的捉刀秘密，都穆深深地记在心上，并且萌发了一个陷构伯虎的恶念。恶念产生的思想基础当然是嫉妒心。原来都穆长伯虎十一岁，当他与祝枝山一起倡导古文辞时，伯虎还只是个十来岁的毛头小伙子。就学古文辞而言，他对于伯虎是介于师友之间的。后来，伯虎脱颖而出，名气日盛，去年又一举摘下江南解元桂冠。作为好友的都穆是个热衷于功名的人，心绪又怎么能够平静呢？他隐约地感觉到，唐伯虎所泄露的事情足足可以断送唐的功名，使自己竞争功名的路上少一个强劲的对手。

对于考试完毕的举子来说，等待放榜的日子是空闲的。他们或觅亲访友，或结伴冶游，或干谒有司，为日后的仕途搞好关系。有一天，都穆拜访马侍郎，给事中华昶也在，马侍郎就留两人小饮。这时，恰好礼部一位官员来造访马，马侍郎迎他到客厅谈话，两人谈到会试这一热门话题，那位官员说："江南才子唐寅又将得到第一名了！"这些话都被隔壁饮酒的都穆听在耳里。不一会儿，那位官员告辞而去，马侍郎进内房与都、华继续饮酒，谈起唐伯虎将中会元之事，显得很为朝廷得人而高兴，这就无异于给都穆心中的嫉妒之火倒上了一杯油，呼啦啦的火焰忽地腾起，烧掉了友谊，也烧扭了正直的人格。于是，都穆便有意将徐经买到了考题、唐寅代为捉刀之事透露给马侍郎和给事中华昶。敏感的时间、敏感的事件，又遭遇敏感的人物，这样，消息不胫而走，两三天内全城皆知了。

明代的给事中即给谏，掌抄发章疏、稽察违误，弹劾科场舞弊正是分内事，华昶当然就上奏皇帝。孝宗览章大怒，马上命令程敏政停止阅卷，除去会试总裁职务，又令锦衣卫把徐经、唐寅等抓来。为防止舞弊，那一年凡程敏政录取的前几名进士都予以除名，将后面的依次递补上来。

锦衣卫即锦衣亲军都指挥司，是明朝黑暗特务政治的特产，它原为护卫皇宫的亲军，后为加强专制统治，特令兼管刑狱，赋予巡察缉捕权力。它直接取旨，专司侦查缉捕要犯，权力常常僭越，用刑尤为残酷，达到登峰造极的地步。有所谓全刑，即让犯人备受械、镣、棍、拶、夹棍五种酷刑，还有枷、断脊、堕指、刺心，甚至煮沥青剥人皮。犯人在狱中三天两日就受一次拷打，一个个血肉溃烂，求生不能，求死不得，凄厉呼号，令人毛骨悚然。徐经、唐伯虎被抓到锦衣卫，境遇可想而知。用伯虎自己的话来说："至于天子震赫，召捕诏狱。身贯三木，卒吏如虎，举头抢地，涕泗横集。而后昆山焚如，玉石皆毁；下流难处，众恶所归。"（《与文徵明书》）尊严扫地，受尽了皮肉之苦，对于徐经，也可以说是活该，而对于唐伯虎，则真正是冤哉枉也！一个"丰姿楚楚玉同温"的锦绣才子，一下子从得意的高峰跌入失意的深渊，痛苦、悔恨、委屈、惧怕，轮番袭击，使他如脱胎换骨，痛不欲生。这场笔墨之祸、口舌之灾不仅彻底改变了他的生活道路，而且对他的人生信仰也打上了深刻的烙印。若干年后，他曾写有小曲《对玉环带清江引·叹世词》，可视为对自己思想的检讨：

　　礼拜弥陀，也难凭信他；惧怕阎罗，也难回避他。枉自苦奔波，回头才是可：口似悬河，也须牢闭呵！手似挥戈，也须牢袖呵！越不聪明越快活，省了些闲灾祸。家私那用多？官爵何须大？我笑别人人笑我。

小曲明白如话，是过来人言语，至今仍能引起失意者的反响。

唐、徐陷入锦衣卫，经过审讯，也已弄清了事情原委。六部中不乏惜才爱才的人，如李东阳等还位居首辅，他们得知事件真相后即多方营救。最后，朝廷的判决是取消唐寅名籍，并永世剥夺了他参加科举的资格。释放后，可发往浙江为吏。

这自然是"虎口余生"，是给予出路的"宽大处理"。依照明朝的制度，从督、抚到州、县官府衙门有所谓"三班六房"。三班指快、壮、皂，承担杂役。六房指吏、户、礼、兵、刑、工等部门办理具体事务的书吏。有司派遣伯虎的，就是六房之属。这在生活上当然是"给出路"，但对于一个名闻天下的江南解元来说，却不啻奇耻大辱。唐伯虎怀着无限愤慨的心情，拒绝了这一被他认为有辱自己身份的差使，坚决表示"岁月不久，人命飞霜，何能自戮尘中，屈身低眉以窃衣食？""士也可杀，不能再辱！"

伯虎向往着温暖柔软的姑苏，向往着寒山寺悠扬的晚钟，香雪海遍野的梅林，馆娃宫精美的亭榭，虎丘山入云的塔影；他系念着继室的含情脉脉的眼睛，他渴望着与弟弟子重对床夜雨，他回忆起与祝枝山、文徵明、张梦晋等好友无拘无束的画画、写诗、浪游、纵饮……一句话，他要回家去。

然而，在姑苏，等待着这位十磨九难、虎口余生的江南才子的，又是什么样的命运呢？

二

用世已销横槊气，谋身未办买山钱。

镜中顾影鸾空舞，枥下长鸣骥自怜。

——文徵明《夜坐闻雨，有怀子畏，次韵奉简》

第二年，也就是弘治十三年（1500）春天，唐伯虎终于被释放回到苏州。昔日风流倜傥的才子已经"眉目改观，愧色满面。衣焦不可伸，履缺不可纳"。他仰天长叹：

寒山一片，空老莺花，宁特功名足千古哉？

（见《唐伯虎全集》曹元亮序）

实际上，功名是永远地离他而去了。

而且，永远地离他而去的不仅仅是功名，家乡等待着他的并没有安慰与温暖。首先，是继室的反目。大概在徐氏夫人亡故以后，伯虎曾娶进一位继室。可惜没有文字资料记载她的姓氏，因为为时不久，且因夫妻反目而被斥去，所以祝枝山作《唐伯虎墓志铭》根本没有提及。只是在伯虎自己写给好友文徵明的信中说到"夫妻反目"四字，尤侗《明史拟稿》有"尝缘故去其妻"一句，表露出其中端倪。显然，伯虎曾经是全家寄予了改换门庭的愿望的人，解元及第也曾经给全家带来了荣耀和骄傲；但是，现在伯虎永远与功名无缘，这也就意味着全家永无出头之日了。于是，酒店市民的劣根性也就表现出来。继室经常借故吵闹，就连僮仆也对出狱的主人爱理不理。这当然使伯虎感到十分难堪、敏感和悲伤，一年前，他还是女人们追逐争宠的对象呢！一怒之下，他将这位势利眼的继室休去了。

由于积年来赴南京、北京应试的花费，加上在京师吃官司的上下打点，唐家的开支是甚巨的，积蓄耗尽，小酒店也摇摇欲坠，本来已经衰落的家境也更形不堪。家计的艰难带来了兄弟的不睦，为了不连累家人，也为了减少烦恼，伯虎干脆与弟弟子重"异炊"，也就是不在一块儿吃饭了。小酒店交给了子重夫妇，让他们带着侄儿长民过活。长民是子重与姚氏所生，是唐家的独苗，伯虎十分喜爱，"兄弟骈肩倚之"。这样一来，唐伯虎真正成了孤家寡人了。他所赖以为生的只有砚田丹青，所谓"四海资身笔一枝"。他向朋友叙述自己的境况是："过去豢养的看家狗，也不认识我了，在门口对着我，做出要咬的样子。环顾室中，盆盂碗碟都破破烂烂的；除了身上之衣，脚下之鞋，没有什么多余的东西了。西风萧瑟，我独自一人，就像在异地做客一样。唉声叹气，又有什么办法呢？自己打算春天采集桑葚，秋天采集橡实，再不然，就寄食寺院，每天吃一顿施舍的粥饭，上顿不管下顿了。"（见《与文徵明书》）凄楚万状，无可排遣，他挥笔画了一幅《败荷脊令图》，图上题七绝一首：

飞唤行摇类急难，野田寒露欲成团。

莫言四海皆兄弟，骨肉而今冷眼看。

脊令即鹡鸰，是一种水鸟。《诗·小雅·常棣》："脊令在原，兄弟急难。"后以比喻兄弟友爱，急难相顾。伯虎这幅画画面格调阴沉，残荷寒露，烘托出萧瑟的氛围，一对鹡鸰在强劲的西风中艰难地飞行，令人联想到人生道路的严峻。题诗则寄托遥深，末尾一句更蕴包着无穷的辛酸：往日夫妻共枕的温柔，兄弟相聚的欢乐，在人生的风霜摧残下，都到哪里去了呢？物是情非，不堪回首，面对画面急难相顾的鹡鸰，能不感慨万千！

乡人们态度的转变也无异于往唐伯虎寒冷的心里插进了一柄柄冰剑。《战国策·赵策一》记载，苏秦在秦国游说失败后回家，嫂子不给他做饭。后来他在赵国做了大官，回家时嫂子见了他就跪拜在地。苏秦问："嫂何前倨而后恭也？"前倨后恭，是说先傲慢而后恭敬，是势利小人的行为，简直使人恶心。其实，前恭后倨一样是势利小人的行为，一样使人难受。在人们的生活中，往往那些捧场捧得最凶的人，等你失意时骂你也骂得最厉害。这种可悲的世态炎凉，古今中外皆然。从前，唐伯虎既是一个人人欢迎的丹青才子，又是一个前程万里的解元学士。他的每一篇制艺写出来，苏州、省城甚至京师的大小官吏都是一片叫好，全国的举子、生员们都争相转抄，作为范文程墨，流传遐迩。无论是虎丘山的踏青，还是秦淮河的泛舟，他的身前身后总追随围聚着一些慕名文士。他们恭维他，用好酒好肉招待他，行到山青水绿、云起霞飞之处，候到曲密歌繁、酒酣耳热之际，小心翼翼地拿出扇面请他大笔一挥，然后又是一番争夺、赞赏。现在呢，到处都是冷眼，都是不关痛痒的寒暄客套，甚至从自己曾经帮助过的朋友那里，也只能得到勉强挤出来的一丝笑容。

伯虎是性情中人，心热如火，他最讨厌虚伪。科场之狱，他看出了"朋友"都穆的不义道，发誓不与都穆相见。后来，有一个士子与唐、都两人均相好，想使他们复交，于是，他等到有一天伯虎在友人楼上饮酒，连忙告诉都穆，并且先跑去对唐说："都穆就会要来的。"伯虎一听，神色俱变。都穆以为友人已与伯虎说通，就急忙上楼，突然会见。伯虎一见到都穆，立即从楼窗中跳下来，逃回家去。那位士子很难堪，又恐怕伯虎摔伤了，就跟随到伯虎家中探视，只见伯虎大叫：

咄咄！贼子欲相逼耶？

（见《风流逸响》）

对于过去那些形迹颇密的朋友的无情无义，伯虎抚今追昔，感到非常伤心，他有首七古《席上答王履吉》就记述了这种心情：

我观古昔之英雄，慷慨然诺杯酒中。

义重生轻死知己，所以与人成大功。

我观今日之才彦，交不以心惟以面。

面前斟酒酒未寒，面未变时心已变。

区区已作老村庄，英雄才彦不敢当。

但恨今人不如古，高歌伐木矢沧浪。

感君称我为奇士，又言天下无相似。

庸庸碌碌我何奇？有酒与君斟酌之！

真正的道义之交并不是没有，像此诗所赠的王履吉即是一位。王宠，字履吉，苏州人，书法家，精小楷，师法王献之、虞世南，尤善行草，其书婉丽俊逸，疏秀有致，诗文亦有时誉，与唐伯虎、文徵明等都是好友。伯虎出狱后，他曾作《九日过唐伯虎饮赠歌》，肯定"唐君磊落天下无，高才自与常人殊"，为唐的"鲸鲵失水鳞甲枯"而痛惜，相与勉励"江东落落伟丈夫，千年嵇阮不可呼"。除王宠以外，徐祯卿、祝枝山、文徵明等好友都对伯虎的命运满怀同情，为他抱不平。尤其文徵明，情深意挚地致书伯虎，鼓励他振作起来，与命运搏斗。

当时，伯虎已深深地陷入绝望的痛苦之中，痛不欲生。诚然，妻子的离去、弟弟的分炊和世人的冷眼都使他凄然心伤，但都不能说是绝望的痛苦，"哀莫大于心死"，此时，对于伯虎来说，最大的悲哀应该是功名的永绝。往日江南解元的青云之志、天下之怀，转眼之间便成为泡影。他曾对亲戚和朋友们说："一个人如果努力，建立功名于一时，这是他的际遇。我不能把握自己，使自己有所建树，没有可从而努力的际遇，而传世的美德又怎么能够存在呢？这就像经过霜打的梧枝，已经没有必要苟活下去了。"（见《吴县二科志》）现代的人们很难体会到永绝仕途对于一个封建士子那种肢解般的痛苦。当时唐伯虎确实坠入了深不可测的黑暗的深渊，以致在十八年后，亦即正德十三年（1518）中秋前夜，他梦见自己俨然已是翰林学士，在朝廷上"草制"，亦即为皇帝代拟文书，醒来仿佛还记得其中的两句："天开泰运，咸集璃管之文章；民复古风，大振金陵之王气。"朝臣叹羡，无限风光。在二十多年后，科场的角逐在梦中出现，还使得他心有余悸：

二十余年别帝乡，夜来忽梦下科场。

鸡虫得失心尤悸，笔砚飘零业已荒。

自分已无三品料，若为空惹一番忙。

钟声敲破邯郸景，依旧残灯照半床。

邯郸景，即黄粱梦。唐沈既济《枕中记》载，清贫的卢生在邯郸客店中做梦，在梦中历尽荣华富贵。梦醒，主人炊煮黄粱尚未熟。后用来比喻虚幻的事和欲望的破灭。末两句是说，睡梦中科场春风得意，忽然传来寒山寺的阵阵钟声，惊醒之后，自己还是睡在破旧的房里，一灯如豆，情何以堪！此诗作于科场折戟的二十多年以后，思绪尚如此魂牵梦绕，隐痛尚如此铭心刻骨，可见在当时，对伯虎的思想震撼之巨大。科举仕进，是封建时代每一个知识分子都梦寐以求的前程，失去当然痛苦；对于伯虎来说，科举仕进尤其是一个眼看就可以到手却又不幸失去的前程，失去则更是绝望的悔恨！他觉得自己毫无价值，没有必要再生活下去了。他整天浑浑噩噩地饮食起居，有时独自徘徊，有时蒙头闷睡，就像一个昏死的骑士，倒伏在马背上，任由马匹驰驱。所谓马匹，我是指他的才华、他的学识以及唐家五世积德行善的生命力。骑士虽然昏死，幸运的是，马匹是强健的。

俗话说：时间是医治心灵创伤最好的愈合剂。经过了一段相当长的日子，东风拂煦，昏死的骑士渐渐复苏了。痛定思痛，他想寻求解脱，他才三十岁，年轻的生命总是不甘屈服于命运的摆布的。有人曾夸张地说过：四书五经塑造了封建士人的灵魂。这句话当然失之笼统和绝对，但四书五经充满了自进之道，只要你接受过儒家教育，无论在生命的哪一个时期，无论身处何种境遇，四书五经的一些精义妙语总会在你脑海闪现，使你自觉地或不自觉地为其所规范。当唐伯虎挣扎过来，重新探寻人生自我价值时，当然首先想到的是"三不朽"。

所谓"三不朽"出于《左传·襄公二十四年》："太上有立德，其次有立功，其次有立言，虽久不废，此之谓不朽。"历来，封建士人都根据自己的具体情况，将"立德""立功""立言"作为自己的追求目标，努力实现自己的人生价值。最为人称道而耐人寻思的是西汉时的三个好朋友：苏武、李陵和司马迁。他们生活在同一时期，环境、起点都差不多，由于生活道路和个人条件的不同，为后世垂留下不同的价值。苏武字子卿，天汉元年（前100）奉命出使匈奴被扣，匈奴贵族多方威胁诱降，又把他迁到北海（今贝加尔湖）边牧羊。苏武渴饮雪，饥吞旃，坚持十九年不屈。始元六年（前81），因匈奴与汉和好，才被遣回朝，官典属国。苏武用自己的行为树立了"威武不能屈，贫贱不能移，富贵不能淫"坚贞气节的楷模。李陵字少卿，为骑都尉，曾率五千之众，对抗匈奴十万之师，攻城略地，做出了一番"立功"的事业。司马迁字子长，因替投降匈奴的李陵辩解，得罪下狱，受腐刑，出狱后，发愤著书，完成了我国第一部纪传体史书——《史记》。他曾写有《报任少卿书》，倾吐了自己忍辱负重、志在"立言"的志愿。无疑，当时蒙垢含耻的唐伯虎是以发愤著书的司马迁作为自己的学习榜样的。他清楚地知道，自己本来就厌弃礼法，思想出格，此番又身败名裂，"海内遂以寅为不齿之士，握拳张胆，若赴仇敌，知与不知，毕指而唾"（《与文徵明书》），当然永世与"立德"无缘了。至于"立功"，虽说他少年时崇拜鲁连、朱家等"布衣之侠"，间或也发出过"眼前多少不平事，愿与将军借宝刀"（《题子胥庙》）的感慨，但也只不过是想想而已，说说而已，一介书生"筋骨柔脆，不能挽强执锐"，"为国家出死命，使功劳可以纪录"，并不能真的划策建勋，"立功"也是谈不上的了。最后，就只有走"立言"之路了。一则唐伯虎不仅是能诗会画才华横溢的风流才子，而且也是覃学深思、诗书满腹的学者。他能以第一名入府学，一举获得江南解元，经学功底之深厚可想而知。据祝枝山说，伯虎"其学务穷研造化，寻究律历，求扬马玄虚、邵氏音声之理而赞订之，旁及风乌壬遁太乙，出入天人之间"（祝枝山《唐伯虎墓志铭》）。大概伯虎颇有天文律法和音韵训诂方面的学养，曰"赞订之"则应该还有著作，惜乎不传于世了。现在传世的《唐伯虎全集》除诗、词、文外，只有《唐伯虎画谱》三卷，是伯虎辑唐以来的画论而成，似乎不是祝枝山所指。二则伯虎当时的境遇，很像受宫刑大辱后的司马迁，故而他自然而然地想到了司马迁所选择的"立言"事业。我们应该感谢文徵明，在唐伯虎最痛苦的时候写了封信给他，以英雄相许，激励他不要自甘沉沦，使得伯虎百感交集，写下了一封类似司马迁《报任少卿书》的《与文徵明书》，一抒积愤，我们才有可能窥见彼时彼地伯虎的思想。在书信的后半部分，他坦诚地向朋友谈了自己的打算：

> 我私下考察古人的情况：墨翟因被拘囚，后世才会传下薄葬之礼；孙膑因受刑失去膝盖骨，才去著有《孙膑兵法》；司马迁因遭受宫刑，才完成了《史记》百篇；贾谊因被贬流放，才能创作出卓绝出众的辞赋。我不自量力地打算，希望能追随这些古贤人之后，以符合孔子"不因为一个人的不好而鄙弃他的好的言论"的宗旨。我准备剪裁、修改从前的见闻文字，汇集学术上各种派别的作品并加以注疏，解释演绎儒家经典，研究阐发诸书深奥的含义，以成一家之言。这样，将著作留传于热心管事的人，托付于知音者。在我死去以后，有心甘情愿喜欢我的著作，而原谅我的缺点的人，将我的言论传诵，对我的思想探究，他一定会为我拍打着瓦器，高举着酒杯，击打着节拍而放声歌唱哩！啊！我的朋友，对于男子汉来说，盖棺才能论定，要看他的言论、著作还是否存在。我素来放浪慕侠，不能达到立德的境地。想要振作建功，计谋和行动都能力低下，立功就更谈不上了。如果不借助纸笔表现自己，又会有什么成就啊！

"托笔札以自见"，也就是立言。这种想法虽然在后来被另一种离经叛道的想法所推翻，虽然没有得到实现，但在当时已透露出生的意志，表现伯虎从绝望的深渊中企图向上攀缘。

　　从科场冤狱到出狱归吴，这一年内，唐伯虎从耀眼的风华跌到惨淡的落魄，形成了强烈的对比，他的内心也经历了复杂而尖锐的矛盾冲突。他留下了一篇传世之作《与文徵明书》，这篇文字置之于唐宋八大家的古文中也毫不逊色，并且文风与伯虎其他艺术作品（包括诗、词、文、画）的妩媚流畅迥然异趣，前人评为"慷慨激烈，悲歌风雅，眼底世情，腔中心事，一生冲宇宙凌海岳之气，奋在几席"！短短一千余字，却是伯虎一年多时间内心境最敏感的记录。然而，这毕竟只是穷途的挣扎，而不能算是超越。

附　与文徵明书 原文

寅白徵明君卿：窃尝闻之，累吁可以当泣，痛言可以譬哀。故姜氏叹于室，而坚城为之隳堞；荆轲议于朝，而壮士为之征剑。良以情之所感，木石动容；而事之所激，生有不顾也。昔每论此，废书而叹。不意今者，事集于仆。哀哉哀哉！此亦命矣！俯首自分，死丧无日；括囊泣血，群于鸟兽。而吾卿犹以英雄期仆，忘其罪累，殷勤教督，馨竭怀素，缺然不报，是马迁之志，不达于任侯；少卿之心，不信于苏季也。

计仆少年，居身屠酤，鼓刀涤血，获奉吾卿周旋，颉颃婆娑，皆欲以功名命世。不幸多故，哀乱相寻，父母妻子，蹉踵而没，丧车屡驾，黄口嗷嗷。加仆之跌宕无羁，不问生产，何有何亡，付之谈笑。鸣琴在室，坐客常满，而亦能慷慨然诺，周人之急。尝自谓布衣之侠，私甚厚鲁连先生与朱家二人，为其言足以抗世，而惠足以庇人，愿赘门下一卒，而悼世之不尝此士也。芜秽日积，门户衰废；柴车索带，遂及蓝缕。犹幸藉朋友之资，乡曲之誉，公卿吹嘘，援枯就生，起骨加肉，猥以微名，冒东南文士之上。方斯时也，荐绅交游，举手相庆，将谓仆滥文笔之纵横，执谈论之户辙。岐舌而赞，并口而称；墙高基下，遂为祸的。侧目在旁，而仆不知；从容晏笑，已在虎口。庭无繁桑，贝锦百匹，谗舌万丈，飞章交加。至于天子震赫，召捕诏狱。身贯三木，卒吏如虎，举头抢地，涕泗横集。而后昆山焚如，玉石皆毁；下流难处，众恶所归。缲丝成网罗，狼众乃食人；马鬐切白玉，三言变慈母。海内遂以寅为不齿之士，握拳张胆，若赴仇敌；知与不知，毕指而唾，辱亦甚矣！整冠李下，掇墨甑中，仆虽聋盲，亦知罪也。当衡者哀怜其穷，点检旧章，责为部邮，将使积劳补过，循资干禄。而簾簏、戚施，俯仰异态，士也可杀，不能再辱。

嗟乎吾卿！仆幸同心于执事者，于兹十五年矣。锦带县髦，迨于今日，沥胆濯肝，明何尝负朋友，幽何尝畏鬼神？兹所经由，惨毒万状，眉目改观，愧色满面。衣焦不可伸，履缺不可纳。僮奴据案，夫妻反目，旧有狂狗，当户而噬。反视室中，甀瓯破缺；衣履之外，靡有长物。西风鸣枯，萧然羁客。嗟嗟咄咄，计无所出。将春掇桑椹，秋有橡实；馂者不迨，则寄口浮屠，日愿一餐，盖不谋其夕也，吁欷乎哉！如此而不自引决抱石就木者，良自怨恨。筋骨柔脆，不能挽强执锐，揽荆吴之士、剑客大侠，独当一队，为国家出死命，使功劳可以纪录。乃徒以区区研摩刻削之材，而欲周济世间，又遭不幸，原田无岁，祸与命期；抱毁负谤，罪大罚小，不胜其贺矣。

窃窥古人：墨翟拘囚，乃有薄丧；孙子失足，爰著兵法；马迁腐戮，《史记》百篇；贾生流放，文词卓荦。不自揆测，愿丽其后，以合孔氏不以人废言之志。亦将囊括旧闻，总疏百氏；叙述十经，翱翔蕴奥，以成一家之言。传之好事，托之高山。没身而后，有甘鲍鱼之腥，而忘其臭者，传诵其言，探察其心，必将为之抚缶命酒，击节而歌呜呜也。

嗟哉吾卿！男子阖棺事始定，视吾舌存否也。仆素佚侠，不能及德，欲振谋策操低昂，功且废矣。若不托笔札以自见，将何成哉？辟若蜉蝣，衣裳楚楚，身虽不久，为人所怜。仆一日得完首领，就柏下见先君子，使后世亦知有唐生者。岁月不久，人命飞霜，何能自戮尘中，屈身低眉以窃衣食，使朋友谓仆何？使后世谓唐生何？素自轻富贵犹飞毛，今而若此，是不信于朋友也。寒暑代迁，裘葛可继！饱则夷犹，饥乃乞食，岂不伟哉？黄鹄举矣！骅骝奋矣！吾卿岂忧恋栈豆、吓腐鼠耶？此外无他谈。但吾弟弱不任门户，傍无伯叔，衣食空绝，必为流莩。仆素论交者，皆负节义。幸捐狗马馀食，使不绝唐氏之祀。则区区之怀，安矣乐矣！尚复何哉？唯吾卿察之。

第五章　桃花坞

桃花坞，中有狂生唐伯虎。狂生自谓我非狂，直是牢骚不堪吐。

——尤侗《桃花坞》

　　　　　　　　　　　　一

　　一身之中，凡所思虑运动，无非是天，一身在天里行，如鱼在
水里，满肚子里都是水。

　　　　　　　　　　　　　　　　　　——《朱子语类》第九十条

　　的确，在中国历史上，受到命运的严重打击后，"发愤著书"而
终于"立言垂世"者亦代不乏人，前于伯虎的如墨翟、孔子、司马迁、
贾生、柳宗元，后于伯虎的如李贽、顾炎武、王夫之等等，但这条道路
对于唐伯虎来说，却如镜花水月，一场春梦。其中原因，邵毅平先生在
《十大文学畸人·唐寅》一文中指出：

首先，就其天性而言，唐寅终究只是一个才子，而不是一个学者，他可以在治学立言上表现自己的聪明才智，却无法借此安身立命。其次，唐寅少年时代的努力读书，虽不知所用，却怀着希望，因而是一种积极进取、充满乐趣的行为；失意后的发愤读书，虽已知所用，却怀着绝望，因而乃是一种消极退缩、充满悲凉的行为。在这样的心情下治学，其结果也是很难乐观的。再次，在一个功利社会中，当"三立"中"立言"不是作为前二立的补充而是作为前二立的替代时，往往成为失意者谋求心理平衡的借口，唐寅此时"立言垂世"的愿望，正有着若干酸葡萄的成分，所以只能冲动一时而不能坚持长久。

这当然是很中肯的议论，但我以为还有一个重要原因邵先生没有论及，这就是环境的影响。本书在第二章就叙及，15世纪中叶在苏州活跃着一个江南才子群，如沈周、周臣、唐寅、祝允明、文徵明、仇英、徐祯卿等人，他们都不是学术长才，而是一批艺术怪杰。更耐人寻思的是，他们每个人都是诗画全才，才华横溢。他们之间又或是情同手足的亲密朋友，或是意气相投的师弟关系。一个人选择一定的事业目标，走上一定的生活道路，除开时代和个人等因素外，总与师友分不开。诚如郭沫若在《历史人物》中说的，师友"是一种重要的社会关系，在一个人的成就上是一个极其重要的因数"。无疑，这些江南才子所处的经济、政治地位相似，又都精于书画，同声相应，同气相求，在对时政和生活的态度方面，在理想的追求方面，必然互相影响。总之，有了上述这些复杂的原因，"发愤著书"和"立言垂世"对于唐伯虎来说只可能变成昙花一现的空想了。

　　生活的剧变使得唐伯虎头脑中两年来急剧热化、膨胀的科举仕进的欲望彻底破灭，从痛苦和绝望中复苏而选择的"立言"之路又满是荆棘，难以走下去，于是，经过久久的思索，他进一步抛弃了"立言垂世"的想法，选择了"自适""适志"的生活方式。伯虎的这种选择当然不是突如其来的越世高谈，其思想基础便是我们在本书第二章所叙述的以"及时行乐"为核心的人生观。唐伯虎考察祸福无常的人生，想到生命是如此的短暂而偶然，如此的珍贵而又美好，他愈益热恋宝贵的生命，就愈益感受死亡的悲哀，就愈益放纵血肉之躯的欲望，于是便放弃对生命长度的追求，转而追求生命的密度。他认为只有及时行乐，才算不虚度此生。

　　　　一生细算良辰少，况又难逢美景何！

　　　　美景良辰倘遭遇，又有赏心并乐事。

　　　　不晓高烛对芳尊，也是虚生在人世！

　　　　　　　　　　　　　　　　　　　（《一年歌》）

　　一年三百六十五日，细细算来，宜人的天气、美丽的景色、佳妙的心情和快乐的事情聚合在一块儿的日子有几天呢？只有夜以继日饮酒弦歌，才不算辜负啊！这种"及时行乐"的思想，伯虎少年时即已有之，现在经历人生的惨痛教训，就更加坚定了。他想到：《左传》虽然说"太上立德，其次立功，其次立言"，自己却身遇诬陷，如洁白的玉璧蒙受了玷污，为社会所抛弃了。虽然有颜回一样的操行，终究不能取信于人。而做一番际会风云的事业，又有什么途径可达到呢？想要立言垂世吧，恐怕如同扬雄写《剧秦美新》、蔡邕依附于董卓、李白受累于永王之幕，柳宗元被攻击为王叔文之党，徒然增添垢辱而已。伯虎终于大彻大悟了：

人生贵适志，何用刓心镂骨，以空言自苦乎？

（见《唐伯虎全集·胥台山人序》）

"适志"，也就是顺应自己的天性。唐伯虎天性豪侠，又嗜声色，现在既然已跳出"三不朽"的传统模式，既然已经痛感生命的短促，那就干脆明明白白地承认，彻底完全地履行。他有一首《焚香默坐歌》说得好：

焚香默坐自省己，口里喃喃想心里。
心中有甚害人谋？口中有甚欺心语？
为人能把口应心，孝弟忠信从此始。
其余小德或出入，焉能磨涅吾行止？
头插花枝手把杯，听罢歌童看舞女。
食色性也古人言，今人乃以为之耻。
及至心中与口中，多少欺人没天理。
阴为不善阳掩之，则何益矣徒劳耳！
请坐且听吾语汝，凡人有生必有死。
死见阎君面不惭，才是堂堂好男子。

十足的才子气魄！十足的天性文字！"存天理灭人欲"的理学思想在伯虎眼中直如破履，怪不得袁中郎评为："说尽假道学！"

古时候有位修行的严尊者，问赵州和尚："一物不将来时何如？"——怎样才能做到抛弃一切，两手空空？赵州和尚回答："放下著。"现在，唐伯虎把立德、立功、立名等封建士子的思想重负全都放下了，他感到了一种前所未有的轻快，豪迈地说："大丈夫虽不成名，要当慷慨！"

然而，从打算"立言垂世"到决定采取"自适""适志"的生活方式，在身心都需要一个调整阶段，唐伯虎选择了远游。

从古及今，每一个知识分子都相信：每一片风景，都是一种心境。花开花落，鱼跃鸢飞，大自然无限丰富的形态，随处都可能成为转换人们心境的媒介。那些流动飘逸的云水、小窗梅影的月色、绮丽华滋的春光、荒寒幽寂的秋景，都能使置身其中的人受到感动，都与人们的生命绝不是不相干的存在。无论是烟云空蒙，还是啼鸟处处；无论是登高山观日出，还是涉大川送夕晖，都能沐浴灵魂，澡雪精神，陶冶性情，都是医治心灵创伤的良医圣药。现在，唐伯虎就将这次远游视为一次精神之旅。

古时候有句俗话："南人乘船，北人骑马。"指的是北方多平原旷野，而南方则江河密布。唐伯虎远游的主要交通工具当然还是一叶扁舟。这次"翩翩之远游"的行踪很广，游览了湖南的南岳，江西的匡庐，浙江的天台，福建的武夷，并观大海于东南，泛舟于洞庭、鄱阳。他的朋友徐祯卿曾写有《怀伯虎》七律一首：

闻子初从远道回，南中访古久徘徊。

闽州日月虚仙观，越苑风烟几废台。

赖有藜筇供放迹，每于鹦鹉惜高才。

沧江梅柳春将变，忆尔飘零白发衰。

诗中也概括地写出伯虎的游踪。伯虎此次远游，最使他自豪并且最为人乐道的是"九鲤乞梦"。九鲤湖在福建仙游县北，景色幽美。相传汉元狩年间何氏兄弟九人炼丹于此，炼成，各乘一鲤仙去，因名。徐经的玄孙徐霞客有《游九鲤湖日记》，生动地描写了九鲤湖的景色：

平流至此，忽下堕湖中，如万马初发，诚有雷霆之势，则第一际之奇也。九仙祠即峙其西，前临鲤湖。湖不甚浩荡，而澄碧泓于万山之上，围青漾翠，造物之灵亦异矣！

并且徐霞客也记载"是夜祈梦祠中"，可见九鲤祈梦是明代人的好尚。伯虎浪游至仙游，夜宿于九鲤湖畔，梦见仙人送给他一担墨。这当然是文业终生的象征。所以当时朋友称羡，后世文人亦传诵，所谓"鲤仙赠墨妙江东"（韩荄《暮春唐解元墓下作》），指的就是这件事。又传说伯虎祈梦九鲤时，梦中有人示以"中吕"二字。伯虎醒后对人说起，都无法详解。几十年后，伯虎访问同邑的阁老王鏊，见到王的墙壁上有首苏东坡的《中吕满庭芳》的词。伯虎吃了一惊，说："这就是我梦中所见啊！"读到其中有"百年强半，来日苦无多"句，伯虎很恐惶，不久他真的去世了。终年五十四岁，也可说是"百年强半"。我总觉得这传说玄而又玄，不大可信。

又传说伯虎坐船游黄州，观赏了东坡赤壁后，深夜醉步踉跄地归船，路上碰到巡逻的士卒，被认为犯禁而被扭送见指挥使。指挥使不认识伯虎，盘根究底地审讯他。伯虎大笑，答以诗云：

> 舟泊芦花浅水堤，隔江邀我泛金卮。
> 因观赤壁两篇赋，不觉黄州半夜时。
> 城上将军原有令，江南才子本无知。
> 贤侯若问真消息，也有声名在凤池。

诗中"招供"了犯禁原委和自己的身份，于急难狼狈中仍不失才子的潇洒本色。

远游似乎是中国封建文人的一大传统。不过，大多数文人（包括李白、杜甫、苏轼等）的漫游，是为了打开仕途的通道。在封建社会想要当官，首先要获得一定的社会声望，最好有大人物帮忙游扬，这样再通过科举，才能较顺利地得到官位。唐伯虎已经是赶出仕途外，跳出"三立"间，自然与此无涉。他这次历时约一年、足迹遍东南的远游，主要目的有两个。

其一是借青山绿水来淡化仕途上的失意感。因为对社会失望之后，便以自然为人生幸福的补偿形式了。对于一个政治失意者来说，有时候只需要在极平凡的一树一石、一花一鸟中，就可以觅得一小块精神止泊之地，作为他生命的最后依托。唐伯虎有首《烟波钓叟歌》就是这种思想的形象表达：

太湖三万六千顷，渺渺茫茫浸天影。

东西洞庭分两山，幻出芙蓉翠翘岭。

鹧鸪啼雨烟竹昏，鲤鱼吹风浪花滚。

阿翁何处钓鱼来，雪白长须清凛凛。

自言生长江湖中，八十余年泛萍梗。

不知朝市有公侯，只识烟波好风景。

芦花荡里醉眠时，就解蓑衣作衾枕。

撑开老眼恣猖狂，仰视青天大如饼。

问渠姓名何与谁，笑而不答心已知。

玄真之孙好高士，不尚功名惟尚志。

绿蓑青笠胜朱衣，斜风细雨何思归。

笔床茶灶兼食具，墨筒诗稿行相随。

……

　　一个须发皆白的渔翁，无视朝市公侯，八十余年来都生活在茫茫湖上，更妙的是笔墨诗稿随身携带，时有长篇短句！这样的渔翁在现实中其实是不存在的，显然是作者理想的化身。

　　中国封建文人的漫游有一种共通的审美兴趣，他们总是对往古这个时间的维度敞开怀抱；而已经消逝的往古犹如幽灵似的穿透眼前的自然景物，展现在烟霭茫茫之中。在历史的回首中，满眼风光，有多少春日鸟啼的日子，多少秋天空阔的景象。而这风景的世界里，又有多少悲欢的故事，多少生灭与存亡。就是在这种怀古情绪的支配下，唐伯虎骑着毛驴，登上庐山香炉峰，仔细辨认着摩崖石刻中古人的题咏，"读之漫

灭为修容"（《庐山》）；经过子陵滩时，聆听着满山樵斧声，眺望着
纷飞的鸬鹚，遥想起严子陵这位"汉皇故人"（《严滩》）；游览辋川
时，于白日苍松、清风明月之间，细细体味王摩诘的"尘外想"（《题
辋川》）；面对着浩渺的空间和悠长的时间，他感到个人、家庭、仕途
等等真正是如同尘芥！在《游镇江登金山、焦山》中，他写道：

> 孤屿峻嶒插水心，乱流携酒试登临。
>
> 人间道路江南北，地上风波世古今。
>
> 春日客途悲白发，给园兵燹废黄金。
>
> 阇黎肯借翻经榻，烟雨来听龙夜吟。

　　金山位于镇江西北的大江边，以绮丽称世。自古以来，流传着"金
山寺里山，焦山山里寺"的民谚，就是讲金山小巧，整座山为佛寺包
围。焦山浑厚，寺院深藏在山中。金山寺为东晋时创建，初名泽心寺，
唐以后改为金山寺，枕江而筑，气象万千。伯虎携酒登临，远望脚下乱
流激起的层层雪浪，环顾身边被兵火破坏的佛寺，想到了南北道路和古
今风波，产生了一份浸肌浃骨的个人心灵深处的感动。于是，在诵经和
江涛的交响声中，在神秘的香烟和幽微的琉璃灯火的交融中，伯虎追忆
自己逝去的父母、徐氏妻子及妹妹的音容，想到如镜花水月般的功名，
想到系因罹狱的屈辱，觉得一切都是空的。他甚至想向和尚（阇黎）提
出就此出家，夜夜倾听那孤寂而壮阔的江涛。

　　其二是出于研习丹青、师法造化的需要。伯虎失意之初立下的发愤
著书的愿望早已灰灭，他选择了靠诗文书画谋生的市民艺术家生活，正

如他自己所说的："予弃经生业，乃托之丹青自娱。"（《六如居士画谱自序》）这样，观察自然、写生山水、师法造化就成为他必修的功课。

唐伯虎的绘画创作，山水画占主要地位。他从周臣那里继承了李成、范宽和南宋四家的传统，对元代赵孟頫、黄公望、王蒙等的画法，也经过苦心研究。前人评价他"青出于蓝"，认为他虽然取法宋元诸家而能有所发展，在技法上能融会贯通，自成秀润、缜密、流丽的风格和面目。无疑，伯虎这次漫游名山大川，广泛地体验了丰富的社会生活，深刻地观察了雄丽的自然景色，对其绘画艺术是影响至巨的。

漫游中，伯虎以一种极富于色彩的眼睛看世界，对于大自然中春光明媚、绚丽滋润之境，有一种深刻的自觉的感应。如以下两首小诗：

> 燕子归来杏子花，红桥低影绿池斜。
> 清明时节斜阳里，个个行人问酒家。

> 红杏梢头挂酒旗，绿杨枝上啭黄鹂。
> 鸟声花影留人住，不赏东风也是痴。

色彩绚丽，轻灵流转，我们参看他传世的画作《山路松声图》《青山伴侣图》《骑驴归思图》等，即可体会到伯虎那种来源于现实生活的敏锐的色彩效应。

在流连山水之中，伯虎也渐渐学会用真正内行的眼光，亦即用读画的眼光和读诗的眼光来观察山水，如他在游览齐云岩时，感觉到"霜林着色皆成画，雁字排空半草书"（《齐云岩纵目》）；在旅滨长江时，观察出"寒梅向暖商量白，旧草吟春接续青"（《闻江声》）。像以上这些诗句，是地道的艺术家的诗句。用读画和读诗的眼光来欣赏山水，实际上已经相当于用一种哲学的眼光看山水，亦即将中国艺术精神，融入山水审美的境界了。

总之，这次漫游对于伯虎日后在绘画上打破前人陈套，尤其是变化南宋院体风致，是很有作用的。我们欣赏伯虎的山水画，不论峰峦水口、树石林泉和点缀的人物、屋宇等等，都画得现实具体，使人看了，感到可游可居。尤其如代表作《江南农事图》，以异乎寻常的工细笔法，描绘了初夏时节南国农村的自然景色和种种农事活动，上边题诗："四月江南农事兴，沤麻浸谷有常程。莫言娇细全无事，一夜缫车响到明。"说明伯虎对农民的生活有一定的了解，并怀有一定的感情。这正是师法造化的结果，和前人一些"足不出里闬"一味摹古的山水画是不同的。

二

闲居嗒嗒醉呜呜，转觉微情与世疏。

——徐祯卿《赠唐居士》

也许是大半年的监狱生活的摧残，也许是长期营养不良，也许是这次浪游旅行的劳累，唐伯虎回到家中就病倒了，缠绵病榻，数月之后才渐渐痊愈。

病愈后，伯虎就鬻画卖文，维持生计。他这样做的直接目的有两个：一是他天性醉心艺术，笔墨丹青是"自适""适志"的最好手段。二是苏州不仅风物宜人，而且工商业、特别丝织业发达，商贾聚集，有些商人富可敌国。这些商人们为了美化精巧的园林，附庸风雅，也就肯花高价购买字画。从某种意义上说，这也带动了一般市民对艺术品的爱好和收购。于是苏州产生和汇集了很多艺术家（特别是市民艺术家），成为当时全国屈指可数的最大的字画市场。他出卖字画，能够自食其力，"不使人间造孽钱"，维持一家生计。

这时候，舆论已经逐渐往同情他的一边倾斜。诚如他在《题浔阳送别图》中所感慨的："是非公论日纷纷，不在朝廷在野人。"一般老百姓本来就喜爱唐解元万丈才华，钦佩唐解元的满腹学问，现在慢慢知道他所受的冤枉后，都同情他，为他说话，买他的字画。相反，对诬陷他的都穆，虽然得做高官，大家还是鄙薄和厌恶。加之这时伯虎的字画已渐臻佳境，他书学赵孟頫，而能自出机杼，特别是行书妩媚俊逸，为世所称；绘画路子也很宽，山水、人物、仕女、花鸟，均不同流俗，高视阔步于一时。因此，向他求购书画的人不少，有时还感到应接不暇，不得不请老师周臣代笔。这种自食其力的砚田生涯，伯虎一直坚持到离开人世。

在这段时期，唐伯虎的家庭成员发生了一些变化。

伯虎原配徐氏，徐氏亡故后曾续弦，出狱后"夫妻反目"，续弦离去。这次浪游归来后他又娶妻沈氏。这就是祝枝山《唐伯虎墓志铭》中所谓"配徐继沈"中之"沈"。因文字资料缺乏，我们已不可得知沈氏的基本情况，只知道她排行第九，人称沈九娘。然而伯虎诗词流露出，和沈氏是感情融洽的。《感怀》诗云"镜里形骸春共老，灯前夫妇月同圆"，"月圆"自然是美满的象征。《偶成》则直接描述了这对贫贱夫妻的生活：

> 科头赤足芰荷衣，徙倚藤床对夕晖。
>
> 分咐山妻且随喜，莫教柴米乱禅机。

"随喜"是佛教用语，谓见人做善事而心中欢喜。《胜鬘经》："尔时世尊于胜所说摄受正法大精进力，起随喜心。"伯虎用在这里，有些随遇的意思，是说要妻子随遇而安，不要为柴米生计发愁而扰乱了平静的心绪。看样子，沈氏是一位贤惠温顺、多少有点安命的女人。

伯虎与沈氏生有一女，后来嫁给横塘王家村雅宜山人王宠的儿子王国士。伯虎与王宠是诗文朋友，又成了儿女亲家，真可以说是翰墨姻缘了。

就在伯虎与沈氏婚后不久，唐家唯一的命脉、他与弟子重"骈肩倚之"的侄儿长民夭折了。这对于人丁不繁的唐家是一个沉重的打击，伯虎曾挥泪写下了一篇词短情深的《唐长民圹志》，其中说：

> 长民只有十二岁，颖慧而淳笃。在父母面前注意礼貌，从来不做出仰着脸跷着脚的样子。读书一定至深夜，而兴致还很高，好像

想读到天明似的。有疑问时就走来问我，此外不到别的地方去。我常常心里想："唐氏累世积德，所做善事历历可数的已有五代了。前后街坊，都称我家为善士。苍天一定会保佑，使唐氏振兴。"及至我领解南京，不久因口舌过失而遭废弃与打击，然而还是寄希望于这个孩子。现在不幸长民死去了，又将依靠谁呢？难道是我凶穷恶极，败坏世德，而天要翦灭我的后人吗？但是，我束发行义，过着清贫的生活，兄弟和睦，没有不良的言行，仰对白日，下见先人，都无愧于心。苍天啊，您察听不聪，夺去了我的孩子，这真是为善不得好报啊！

最后，伯虎吮笔泣血命词："冤哉死也斯童！兄弟二人将何从？维命之穷！"这一年是正德三年（1508），伯虎三十九岁。

伯虎出狱后的五六年间，在他整个生命历程中是一个调整期，对他旺盛的生命力而言是一个恢复期。这种生活是平淡无奇的，诚如他在《睡起》诗中所描述的：

纸帐空明暖气生，布衾柔软晓寒轻。
半窗红日摇松影，一甑黄粱煮浪馨。
残睡无多有滋味，中年到底没心情。
世人多被鸡催起，自不由身为利名。

心情不好，当然昏睡终日。这就正如同江河流到平旷处，流速也变慢了，姿态也平庸了，而前面纡曲处，将有岩矗立，暗礁错落，江流将会变得急湍飞花，剧响惊雷，狂怪奇险，气象万千哩！

三

　　姑苏城外一茅屋，万树桃花月满天。

——《把酒对月歌》

　　弘治十八年（1505），唐伯虎三十六岁。这年，他打算在桃花坞筑建桃花庵别业。

　　苏州自古以来文风极盛，据说是因为苏州城像只文具盘，文房四宝兼具：砚台是宋公祠的方基，墨为葑门内钟楼（又称方塔），玄妙观弥罗宝阁前的半月形石水槽是水盂，定慧寺巷内的双塔是两支笔，双塔寺三间平房为笔架，于是造就了不少文才。桃花坞就在这文具盘的北边，地处阊门内北城下，宋朝时候曾是枢密章的别业。由于地土的原因，这个地方的桃花生长得十分繁盛，唐伯虎将卖画的钱建造了些亭阁，特别造了一座"梦墨亭"，纪念鲤仙赠墨之梦，请好友祝枝山题写了亭额。又添种了桃树，三四年后蔚然成林，每逢江南三月，群莺乱飞，这里"千林映日莺乱啼，万树围春燕双舞"（《姑苏八咏》之四）。桃花千树万树，如云如霞，欲烧欲燃，使人怦然心动，流连忘返，充满了浪漫气息和唯美色彩。

　　筑建桃花庵需要相当大一笔钱款，款自何来呢？当然是卖字鬻画所得。明代中期是中国历史上资本主义萌芽的时期，这个时期的社会形态有其显著特点。其中最突出的表现，就是在东南沿海一带的城市中，商业和手工业高度发展，金钱的力量逐渐地冲击侵蚀着国家的政治力量和传统道德观念，要求平等，要求尊重个性、尊重人的正常欲望，成为相当普遍的社会思潮。同时，字画的商品化经营机制也已在东南都市特别是宁、苏、杭、扬等城市确立，于是就产生了一些为以前"高雅"的文士所不齿的市民艺术家。唐伯虎的家庭本属于市民阶层，与商业经济有着密切关系，他本人又从小受到封建礼法的歧视，长大后又罹受科举冤狱，因而很容易对传统的价值标准、社会规范产生怀疑，从而站到与传统观念相背离的立场，加入市民艺术家的行列。字画在迂夫子眼中，是"无价之宝"，只赠与知音，不卖与商客。而在市民艺术家们眼中，则是商品。他的朋友徐应雷在《唐家园怀子畏》之五中写道：

> 不买青山隐，却写青山卖。
> 物外有知心，人间徒问画。

就写出了字画的买卖关系。人间俗子只知道用钱来买画，尽管艺术家寄会心于物外，仍然对艺术女神是那样痴迷，那样一往情深。

为什么唐伯虎要建造桃花庵别业呢？这动机是出于一种什么样的生活态度呢？他有一首脍炙人口的《桃花庵歌》可视为对这些问题的回答：

> 桃花坞里桃花庵，桃花庵里桃花仙；
> 桃花仙人种桃树，又摘桃花换酒钱。

酒醒只在花前坐，酒醉还来花下眠；

半醒半醉日复日，花落花开年复年。

但愿老死花酒间，不愿鞠躬车马前。

车尘马足贵者趣，酒盏花枝贫者缘。

若将富贵比贫贱，一在平地一在天。

若将贫贱比车马，他得驱驰我得闲。

别人笑我忒风颠，我笑他人看不穿。

不见五陵豪杰墓，无花无酒锄作田。

这首长诗写得痛快淋漓而又明白如话，它告诉我们：一、建庵动机是为了及时行乐，老死花酒，死而无怨，这是一种非功利的人生态度；二、"摘桃花"与"写青山"一样，都是指写生作画，作者醉卧桃花丛中，做一个纯粹的艺术家，充满了艺术气息和唯美色彩；三、"酒盏花枝"傲视"车尘马足"，反映了作者背时傲俗的生活态度。这首长诗无异于一篇宣言，伯虎宣告自己已获得彻底解脱，他将要不惜以标新立异、惊世骇俗之行，追求个性自由了！

由于桃花庵景色幽美，唐伯虎又豪爽好客，这里自然成了他与朋友们聚会之所。袁袠《唐伯虎全集序》说："（伯虎）筑室桃花坞中，读书灌园，家无儋石而客尝满座，风流文采，照映江左。"祝枝山《唐伯虎墓志铭》说："沼圃舍北桃花坞，日般饮其中，客来便共饮，去不问，醉便颓寝。"从这些记载，可以想见当时桃花庵中高朋满座、文采风流的情况。经常参加聚饮的有徐祯卿、文徵明、王宠、钱仁夫、周臣、王鏊等，都是当时江南的一流名士。其中来往最多、最不拘形迹的是祝枝山。

祝枝山三十三岁中举后，会试多次，皆不得一第。后来补官广东兴宁知县，又做过通判之类的小官。这时他已回苏州，卖诗卖字，也加入市民艺术家的行列。祝枝山比伯虎年长十岁，绝顶聪明，《明史》说"枝山生五岁，便能作径尺字。九岁能诗，少长博览群籍，文章有奇气。当筵疾书，思若涌泉"。当然是一位不折不扣的才子了！然而枝山的尊容却令人不敢恭维，六指头、络腮胡子，斜眼再带近视，整日腰间系着一个单照。所谓单照，类似现今的眼镜，就是用一片圆形水晶，四周镶上铜框，下面装上小柄，遇到"视而勿见"的时候，一眼开一眼闭地隔着单照瞧上一瞧，便能"一目了然"。祝枝山与伯虎一样迷花好酒，同是江南才子，亲密朋友，却一丑一俊，相映成趣，故而民间传说中唐祝逸事最多。徐应雷有《唐家园怀子畏》五首，其中之二、之三就是记的桃花坞聚饮：

> 盛暑断不出，门外有车马。
> 公卿排闼入，裸体松竹下。
> 名士故逃名，谁与共明月。
> 夜半闻叩门，知是祝希哲。

在大热天，他们在桃花庵松竹荫下歇暑，官吏来慕名求画，就裸体相见。多么高傲！到夜深了，谁来与伯虎一块赏月呢？桃花庵响起了叩门声，伯虎一听就知道是老祝。多么默契！这是一种"真名士、自风流"的生活，江南才子们如鱼得水，乐此不疲。他们聚会在一起做些什么事呢？

　　第一件事是肆意畅饮，杯觥交错，长啸高谈，然后在酩酊大醉中，乘着醺醺然的醉意进行超尘脱俗的精神追求，吟诗作画。这种文酒之会源于东晋王羲之等人"一觞一咏"的兰亭雅集，原本是江南文士的特产。唐伯虎有首《雨中小集》，记叙了聚会的进行过程：首先请仆人穿着烟蓑雨笠，持请柬去请客人来参加聚会。客人到齐后一边蕉窗听雨，一边剥蟹饮酒，作诗论画。座中有村学究，也有老和尚，酒筵散后已是夜深，大家才"夹堤灯火棹船回"。今存唐伯虎及其师友集中，尚有不少以桃花庵聚会为题材的诗歌，如伯虎《社中诸友携酒园中送春》《雨中小集》《桃花庵与希哲诸子同赋三首》，王鏊《过子畏别业》、王宠《九日过唐伯虎饮赠歌》《唐丈伯虎桃花庵作》、袁裘《桃花园宴》等，可见盛况一斑。

　　唐伯虎是个生性爱花的人。他爱花，更爱月下之花。他觉得如水的月色倾泻在鲜艳缤纷的花枝上，具有一种梦幻般的情境。他曾效连珠体作了《花月吟》十一首，七律八句，每句都有"花"字"月"字，却又流转自如，显示了很高的文字技巧。如第一首：

　　　　有花无月恨茫茫，有月无花恨转长。
　　　　花美似人临月镜，月明如水照花香。
　　　　扶筇月下寻花步，携酒花前待月尝。
　　　　如此好花如此月，莫将花月作寻常。

　　桃花庵不仅有千树万树红灼灼的桃花，伯虎还在庭前种了半亩牡丹，花开时，花香蝶舞，流光溢彩，伯虎就邀祝枝山、文徵明等人赏花饮酒，从早到晚，吟诗作画。及至暮春花落，伯虎面对地上缤纷的落英，不禁流涕痛哭，叫小僮将花瓣一一细拾，盛在锦囊里，葬于药栏东畔。对于这种"前无古人"的惊世创举，吴门画派的始祖沈周写了《落花诗》三十首以纪盛，伯虎也写了三十首和诗，其中说："春尽愁中与病中，花枝遭雨又遭风。鬓边旧白添新白，树底深红换浅红。"原来，伯虎把花与人紧密地联系在一起了：人罹愁病，花遭风雨；头上白发，树底落红。难怪他在为落花而痛哭，要怜芳骸而葬之了。我以为，这种畸人怪行，只是从世俗观念看是畸形异态，从思想深层看却是正常而健康的。著名的现代日本画家东山魁夷在散文《一片树叶》中说：

> 无论何时，偶遇美景只会有一次。……如果樱花常开，我们的生命常在，那么两相邂逅就不会动人情怀了。花用自己的凋落闪现出生的光辉，花是美的；人类在心灵的深处珍惜自己的生命，也热爱自然的生命。人和花的生存，在世界上都是短暂的，可他们萍水相逢了，不知不觉中我们会感到一种欣喜。

这段话很精警，发人深思。东山魁夷的"欣喜"与唐伯虎的"悲哀"，在本质上是息息相通的，东山魁夷是唐伯虎真正的异代异国知音！

喝醉了酒，就会做出一些酒气醺醺的事情。有时，伯虎乘着酒兴，骑着一匹白色的骡子，在月光下嘚嘚嘚嘚地走过阊门木板吊桥，赶到虎丘，是去凭吊吴宫的遗迹，还是探寻云岩寺塔的清梦？只有他自己知道。传说有一次吴县县令要收采虎丘春茶，命令衙役带着差牌，严督云岩寺僧照办。衙役需索得很苛刻，寺僧无法应命，衙役就将住持捆到县衙。县令大怒，打了三十大板，将住持押在各要道号令示众，以示惩戒。云岩寺的和尚很惶恐，无计可施时想到了县令很看重唐伯虎，就集积了银钱，求伯虎帮忙。伯虎谢辞了银两，乘醉出游，走到示众的住持跟前，在他颈上的木枷上戏题一绝：

> 皂隶官差去采茶，只要纹银不要赊。
>
> 县令捉来三十板，方盘托出大西瓜。

县令出来巡查，见到后询问，住持说："唐解元所题也。"县令大笑，连忙将住持释放了。

当然，唐伯虎及其朋友们的聚会，除了寻欢作乐的目的外，同时也在进行艺术商品的生产。他们都是在全国范围内很有声望的画家文士，要买他们的字画或是求他们字画的人很多。唐伯虎的名气更大，求他作画写字的纸和绢堆积如山，画的价值自然也更高一些。他们都是新型的市民艺术家，前代文人画家那种高雅安静的书斋作画的环境似乎与他们无缘，他们习惯于在酒酣耳热、狂呼高啸之际乘兴挥毫，或是几个人合作一幅画，或是互相题跋。他们认为醺醺的醉意有助于超尘脱俗，有助于思想出格、腕指出奇，有助于艺术精神的探索。事实上，关于他们"乘醉涂抹"的记载是很多的。我认为，这是唐伯虎为什么热衷于经常举行文酒之会的原因，这也是唐伯虎在《把酒对月歌》中理直气壮地宣称"我也不登天子船，我也不上长安眠。姑苏城外一茅屋，万树桃花月满天"，从而表现出一种"有恃无恐"的意味的原因。艺术的商品化使这些市民艺术家挺直了腰杆，白眼公卿，自顾自地醉眼蒙眬地在桃花坞中踽踽……

第二件事就是和女人的过从交往。旧时代的文人士子常常在酒筵歌席与一些歌儿舞女檀板丝弦，酬酢过从，在放浪形骸的掩饰下，满足醉生梦死的淫欲，或排遣颓唐消沉的情绪。这是封建社会绵延两千年的"时尚"。更何况明中叶以后，由于资本主义势力的萌芽和发展，出现了一股注重人的自然要求，并在某种程度上轻视有关封建道德的思潮，肯定情欲、追求个性的呼声犹如石破天惊，风靡全国，响应四方。当时，朝野上下竞相谈论"房中术"，恬不知耻。方士因为进献房中丹药，一夜飞黄腾达，为世人所艳称。许多文人士大夫也赤裸裸地追求声色。如屠隆任青浦县令时，成天饮酒赋诗，以"仙令"自诩，后来他因为与西宁侯宋世恩夫妇纵淫，被罢免官职，仍然大张声势，宴客娱乐。正如张翰《松窗梦语》所说："世俗以纵欲为尚，人情以放荡为快。"在这种摧枯拉朽的性放纵的快感和满足中，人们惊讶地发现了人类的天性，一种无法抑止的天性；发现了人自身的价值，一种无可替代的价值。稍晚于唐伯虎的文坛领袖袁宏道就公然主张，人生在世应当尽量满足自己的生活愿望，自由自在地发展个性。他给龚惟学的信中，谈到人生的几种"真乐"，如"目极世间之色，耳极世间之声，身极世间之鲜，口极世间之谭"等等。为了这样的"真乐"，可以不惜荡尽家资田产，"一身狼狈，朝不保夕，托钵歌妓之院，分餐孤老之盘，往来乡亲，恬不知耻"。一个人这样去生活，才能做到"生可无愧，死可不朽"。何况苏州为东南一大都会，俗尚豪华，宾游络绎，画舫笙歌，四时不绝。垂杨曲巷，绮阁深藏，花事之盛，历来以苏扬（扬州）并称。更何况唐伯虎是有名的风流才子、顾曲周郎，在烟花巷陌中他是不乏知心的。在一夫多妻制的封建社会，这与他对徐氏夫人及沈九娘的深挚的爱情，似乎并不触忤。

　　除文徵明性情淳厚，行为方正，终生不狎妓外，江南才子们大多好色迷花，就连丑陋的祝枝山也有不少风流艳事。乾隆年间沈起凤创作的《才人福》传奇，就叙述祝枝山为了得到意中人沈梦兰，居然扮成道士，手持木鱼，口念"化婆经"，在光天化日之下，到沈府门前募艳，想把梦兰小姐骗到手，结果因扰乱治安罪，被官府拘禁起来。后来还是皇帝下诏调他进京识别古碑，他才得以脱离牢狱之灾，如愿以偿地和沈梦兰成婚。唐伯虎与女子的交往更多，他书画用印文是："龙虎榜中名第一，烟花队里醉千场"，认为与妓女为伍和领解南京一样，都是平生幸事。王敬美认为，唐伯虎的仕女画造诣极高，在钱舜举、杜柽居之上，原因是"其生平风韵多也"。我们试观赏其传世的《王蜀宫妓图》《秋风纨扇图》《宫妃夜游图》《簪花仕女图》诸作，其中美人神采映发，骨肉婷匀，极态穷妍，纤毫无憾，充满了难以言传的风韵。伯虎不仅善画美人，而且善写美人，如《妒花歌》就是一首形神俱佳之作：

　　　　昨夜海棠初着雨，数朵轻盈娇欲语。
　　　　佳人晓起出兰房，折来对镜比红妆。
　　　　问郎花好奴颜好，郎道不如花窈窕。
　　　　佳人见语发娇嗔，不信死花胜活人。
　　　　将花揉碎掷郎前，请郎今夜伴花眠！

着雨的海棠，当然艳丽妩媚，佳人折来，欲与海棠比美，这是第一转；也许是有意逗趣，郎君竟说人不如花，这是第二转；佳人妒意顿起，将花揉碎，气恼地请他"今夜伴花眠"，这是第三转。寥寥十句诗，一波三折，其中有叙述，有对话，将一个活泼美貌的少妇写得栩栩如生，灵气生动，实在是古代诗歌中不可多得的美人佳作！我也同意王敬美的说法，伯虎能将美人娇态写得这样好，"盖其生平风韵多也"。

"生平风韵"大概包括两方面，一是情事，二是狎妓。伯虎情事最著名的当属"三笑姻缘"，本书将专章叙述，以飨读者；南京情事已于第三章述及，其余皆漫灭不可查考了。但从《唐伯虎全集》中一些诗词如词《一剪梅》、曲《皂罗袍》《步步娇》《江儿水》等作品考究，他还是情有所系的，如《一剪梅》：

雨打梨花深闭门。孤负青春，虚负青春。赏心乐事共谁论，花下销魂，月下销魂。 愁聚眉峰尽日颦。千点啼痕，万点啼痕。晓看天色暮看云，行也思君，坐也思君。

刻骨铭心的忆念，一往情深的相思，个中之人呼之欲出了。

至于狎妓，唐伯虎当然是老手，"烟花队里醉千场"即是实供。江南的妓女，常以苏扬并称。进一步细分，则有"苏帮善文，扬帮善武（舞）"之说，虽不尽然如此，但苏州妓女工诗词，善弹唱，柔情绰态，气质高雅，倒确属寻常之事。这一点，则大大地迎合了江南才子们的爱好。文徵明最了解伯虎，他有两首寄给伯虎的诗，一则说："人语渐微孤笛起，玉郎何处拥婵娟？"（文徵明《月夜登南楼有怀唐子畏》）夜深人静了，传来清寂的笛声，此时你又在哪家拥抱着心爱的女子呢？二则说："落魄迂疏不事家，郎君性气属豪华。高楼大叫秋筋月，深幄微酣夜拥花。"秋天气爽，你在酒楼狂呼豪饮，到夜晚就在帷幄深处与女人眠宿，这应当是伯虎生活的真实记录。

苏人最喜爱竞渡游山，因此狎妓大多数在这两个场合进行。竞渡多在山塘，从四月末到端阳后十余日，画船箫鼓，云集纷来，观者倾城，鬓影衣香，雾迷十里。有些妓女购楼台于近水处，几案整洁，笔墨精良。春秋佳日，妆罢登舟，极富烟波容与之趣，一到天暮，则系缆登楼，灯烛饮宴，宛如闺阁（见武舟《中国妓女生活史》）。唐伯虎《寄妓》诗结句说，"明日河桥重回首，月明千里故人遥"，大概就是记述的这种风情。

妓女们游山，一般不愿涉远，故常集于虎丘。虎丘本不高峻，上又有云岩禅寺、致爽阁、望苏台等轩阁亭榭可供休憩，往往丽妓一至，游观者类似现在的"追星族"，如蜂接踵，以至于虎丘上下万头攒动，自晓至晚，川流不息。唐伯虎《登吴王郊台》有句云："吴儿越女齐声唱，菱叶荷花无数生"，再现了当年的风流盛事。

伯虎狎妓之作多见于他的小曲之中。在古代中国，特别是明代，有一桩怪事，女人最性感的地方不是乳房、不是胯间，而是那一双三寸金莲。男女情挑时，往往从小脚开始，只要金莲被男人一握一捏，女人立刻春情荡漾，不克自持。因此明人兰陵笑笑生《金瓶梅词话》第四回里，西门庆在王婆家勾搭武大的老婆潘金莲时，便是从脚下手，"去她绣花鞋头上只一捏，那妇人笑将起来"；明代风流小说《刁刘氏演义》里，风流浪子王文利用替刁南楼妻子刘氏看病把脉的机会，向刘氏调情，也是从脚下传情，"二人的脚尖碰在一起，就各颠了几颠"。唐伯虎有一首《排歌》更是毫无顾忌地描写了三寸金莲在男女交欢时扮演的"举足轻重"的角色：

> 第一娇娃，金莲最佳，看凤头一对堪夸。
>
> 新荷脱瓣月生芽，尖瘦纤柔满面花。
>
> 从别后，不见它，双兔何日再交加？
>
> 腰边搂，肩上架，背儿擎住手儿拿。

把三寸金莲带来的枕畔风情，描绘得淋漓尽致，其中一些助淫动作写入词句，真是今人所难以想象之事。这种"实录"也只有唐伯虎才写得出来！

像唐伯虎这样的才子，生性风流，免不得和妓女逢场作戏，这同道学先生的规行矩步无疑是大不一样的。我们在这里不想对唐伯虎的风流恋妓多加考叙，也不拟对这种"时尚"多加批判。我们认为，值得指出的有两点，一是伯虎不仅用赞美的笔触描写那些风尘女子的美貌和风月场合的热闹，同时还以充满哀怨的笔触写出了她们的爱的深度。如妓女徐素病故，伯虎作了首催人泣下的《哭妓徐素》：

> 清波双珮寂无踪，情爱悠悠怨恨重！
>
> 残粉黄生银扑面，故衣香寄玉关胸。
>
> 月明花向灯前落，春尽人从梦里逢。
>
> 再托来生侬未老，好教相见梦姿容。

对于这位妓女的病故，伯虎是那样的伤心，不仅梦见她的情影，而且托愿来生相见。因此，对伯虎与娼女等下层女子的酬酢交往，不可一概以狎邪艳情视之。二是伯虎在锦绣丛中、温柔乡里总保持一种禅意，这或竟是他晚年礼佛念经皈依佛家的萌芽吧。我以为下面的一首《题画》诗是大可玩味的：

> 绮罗队里挥金客，红粉丛中夺锦人。
>
> 今日匡床卧摩诘，白藤如意紫纶巾。

昔日在美人队里出尽风头的狎客，今日成了手执白藤如意、头戴紫纶巾的维摩诘了。据《维摩诘经·善权品》所述，维摩诘是毗耶离（吠舍离）城富有的、文化水平极高的居士。在佛学义理上，他"深入微妙，出入智度无极"，神通道力不仅压倒二乘，也高于一切"出家"的大乘菩萨，释迦牟尼遣大弟子及弥勒佛等往问其疾，竟皆辞避而不敢前往。后维摩诘以称病为由，与释迦牟尼派来问疾的文殊师利（智慧第一的菩萨）论说佛法，"天花"乱坠，"妙语"横生。在生活行为上，他有妻名无垢，子名善思，女名月上。他居住大城闹市，而不是僻野荒寺；他"虽为白衣，奉持沙门"；"虽获俗利，不以喜悦"；"虽有妻子妇"，"常修梵行"；虽"现示严身被服饮食，内常如禅"；"若在博弈欢乐，辄以度人"；"入诸淫种，除其欲怒；入诸酒会，能立其志"。也就是说，他结交权臣后妃，参与宫廷政治；在生活上积累无数的财富，鲜衣美食，淫欲游戏，无所不为。这种风流中的禅意、禅意下的风流当然使疏狂自许、蔑视礼法的唐伯虎心驰神往了。

对于出狱归家后这十余年间的生活，唐伯虎在《言怀》（二首）中作了适如其分的总结，其二云：

笑舞狂歌五十年，花中行乐月中眠。

漫劳海内传名字，谁论腰间缺酒钱。

诗赋自惭称作者，众人多道我神仙。

些须做得功夫处，莫损心头一寸天。

才华横溢而人人艳羡，风流疏狂而不失素志，这种懒散自适的生活他真愿意一直过下去，醉卧在如云蒸霞蔚的桃花丛中，终老此生。

唐寅 — 人物图

唐寅 | 论道图

自携
眼青
畫一
樓茶
煙颺
鬢絲
唐寅詩畫

整燕遷巢未定時山翁

散社醉扶見絲花事

感趣賴默、春心怨所

私雙

臉胭

脂閑北

地五更

風華

唐寅｜落花诗意图

唐寅 | 贞寿堂图

唐寅——陶穀贈詞圖

庚辰三月吴郡唐寅畫

唐寅一吹箫仕女图

記得惠山精
舍裹竹爐瀹
茗緣杯持解
元久筆閒相
仿消渴何芳
玉帛緣
甲戌閏月雨
餘窗暇偶展
此卷因暴其志
即用卷中原韻
題之并書於此
御筆

唐寅 | 事茗图

行誊橋

唐寅｜行春桥图

既歸竹窓下則
山妻稚子作筍
蕨供麥飯欣
然一飽

唐寅 — 人物山水图

唐寅 ｜ 老子出关图

第六章　三笑传说

一笑二笑连三笑，唐伯虎的灵魂上九霄！

——电影《三笑》插曲

前已叙及，唐伯虎"平生风韵多"，而声名最著、流传最广者要数"三笑姻缘"。

三笑故事的形成有一个比较复杂的过程，《文学》1936年7月卷1期刊登的赵景深《三笑姻缘的演变》一文对此论述甚详。故事虽写的是伯虎的艳遇，但起源却是元代乔吉的戏曲《李太白匹配金钱记》。明人叶宪祖的杂剧《碧莲绣符》与此十分相近，笔记记载类似故事的有姚旅《露书》、王同轨《耳谈》。以上诸书虽成于唐伯虎故事之前，但都已具备三笑故事雏型，只是主人公的名字不是唐伯虎而已。而敷衍为唐寅故事的，始见于朱秀美的笔记《桐下听然》，才百余字：

华学士鸿山曦舟吴门，见邻舟一人，独设酒一壶，斟以巨觥，科头，向之极骂，既而奋袂举觥，作欲吸之状，辄攒眉置之，狂叫拍案，因中酒，欲饮不能故也。鸿山注目良久，曰："此定名士。"询之，乃唐解元子畏，喜甚，肃衣冠过谒，子畏科头相对，谈谑方洽。学士浮白属之，不觉尽一觞，因大笑，极欢。日暮，复大醉矣。当谈笑之际，华家小姬隔帘窥之而笑。子畏作《娇女篇》贻鸿山，鸿山作《中酒歌》答之。

《娇女篇》疑即《唐伯虎全集》卷一之《娇女赋》，这是一篇与《桐下听然》所叙故事了不相涉的赋作。这段记载第一次将唐伯虎、华鸿山及小姬拉扯在一起，尽管于婚姻无涉，但隔帘窥笑已属有缘了。笔记《蕉窗杂录》《泾林杂记》叙述则更进一步，尤其《泾林杂记》，全文千余字，又被收入了詹詹外史所编《情史类略》。近人多认为詹詹外史即冯梦龙，因此《泾林杂记》为评话《唐解元一笑姻缘》（明冯梦龙《警世通言》卷二十六）所本，也就是很自然的了。此后，各种地方戏、曲艺、电影纷纷移植，唐伯虎三笑姻缘便成了家喻户晓的故事。

因为经过冯梦龙的生花妙笔，《唐解元一笑姻缘》花团锦簇，实在精彩非常，任何转述，都成了学舌鹦鹉，谨全文移录于下：

三通鼓角四更鸡，日色高升月色低。

时序秋冬又春夏，舟车南北复东西。

镜中次第人颜老，世上参差事不齐。

若向其间寻稳便，一壶浊酒一餐斋。

这八句诗乃吴中一个才子所作，那才子姓唐，名寅，字伯虎，聪明盖地，学问包天，书画音乐，无有不通。词赋诗文，一挥便就。为人放浪不羁，有轻世傲物之志。生于苏郡，家住吴趋。做秀才时，曾效连珠体，作《花月吟》十馀首，句句中有花有月。如：

"长空影动花迎月，深院人归月伴花"、"云破月窥花好处，夜深花睡月明中"等句，为人称颂。本府太守曹凤见之，深爱其才。值宗师科考，曹公以才名特荐。那宗师姓方，名志，鄞县人，最不喜古文辞。闻唐寅恃才豪放，不修小节，正要坐名黜治。却得曹公一力保救，虽然免祸，却不放他科举。直至临场，曹公再三苦求，附一名于遗才之末。是科遂中了解元。伯虎会试至京，文名益著，公卿皆折节下交，以识面为荣。有程詹事典试，颇开私径卖题，恐人议论，欲访一才名素著者为榜首，压服众心，得唐寅甚喜，许以会元。伯虎性素坦率，酒中便向人夸说："今年我定做会元了。"众人已闻程詹事有私，又忌伯虎之才，哄传主司不公，言官风闻动本，圣旨不许程詹事阅卷，与唐寅俱下诏狱问革。伯虎还乡，绝意功名，益放浪诗酒，人都称为唐解元，得唐解元诗文字画，片纸尺幅，如获重宝。其中惟画，尤其得意。平日心中喜怒哀乐，都寓之于丹青。每一画出，争以重价购之。有《言志》诗一绝为证："不炼金丹不坐禅，不为商贾不耕田。闲来写幅丹青卖，不使人间作业钱。"

却说苏州六门：葑、盘、胥、阊、娄、齐。那六门中只有阊门最盛，乃舟车辐辏之所。真个是：

翠袖三千楼上下，黄金百万水东西。

五更市贩何曾绝，四远方言总不齐。

唐解元一日坐在阊门游船之上，就有许多斯文中人，慕名来拜，出扇求其字画。解元画了几笔水墨，写了几首绝句。那闻风而至者，其来愈多。解元不耐烦，命童子且把大杯斟酒来。解元倚窗独酌，忽见有画舫从旁摇过，舫中珠翠夺目，内有一青衣小鬟，眉目秀艳，体态绰约，舒头船外，注视解元，掩口而笑。须臾船过，解元神荡魂摇，问舟子："可认得去的那只船么？"舟人答言："此船乃无锡华学士府眷也。"解元欲尾其后，急呼小艇不至，心中如有所失。正要教童子去觅船，只见城中一只船儿，摇将出来。他也不管那船有载没载，把手相招，乱呼乱喊。那船渐渐至近，舱中一人，走出船头，叫声："伯虎，你要到何处去？这般要紧！"解元打一看时，不是别人，却是好友王雅宜。便道："急要答拜一个远来朋友，故此要紧，兄的船往哪里去？"雅宜道："弟同两个舍亲到茅山去进香，数日方回。"解元道："我也要到茅山进香，正没有人同去。如今只得要趁便了。"雅宜道："兄若要去，快些回家收拾，弟泊船在此相候。"解元道："就去罢了，又回家做什么！"雅宜道："香烛之类，也要备的。"解元道："到那里去买罢！"遂打发童子回去。也不别这些求诗画的朋友，径跳过船来，与舱中朋友叙了礼，连呼："快些开船。"舟子知是唐解元，不敢怠慢，即忙撑篙摇橹。行不多时，望见这只画舫就在前面。解元分付船上，随着大船而行。众人不知其故，只得依他。

次日到了无锡，见画舫摇进城里。解元道："到了这里，若不取惠山泉也就俗了。"叫船家移舟去惠山取了水，原到此处停泊，明日早行。"我们到城里略走一走，就来下船。"舟子答应自去。解元同雅宜三四人登岸，进了城，到那热闹的所在，撇了众人，独自一个人去寻那画舫。却又不认得路径，东行西走，并不见踪影。走了一回，穿出一条大街上来，忽听得呼喝之声。解元立住脚看时，只见十来个仆人前引一乘暖轿，自东而来，女从如云。自古道："有缘千里能相会。"那女从之中，阊门所见青衣小鬟，正在其内。解元心中欢喜，远远相随，直到一座大门楼下，女使出迎，一拥而入，询之傍人，说是华学士府，适才轿中乃是夫人也。解元得了实信，问路出城，恰好船上取了水才到。少顷，王雅宜等也来了。问："解元那里去了？教我们寻得不耐烦！"解元道："不知怎的，一挤就挤散了，又不认得路径，问了半日，方能到此。"并不题起此事。至夜半，忽于梦中狂呼，如魔魅之状。众人皆惊，唤醒问之。解元道："适梦中见一金甲神人，持金杵击我，责我进香不虔。我叩头哀乞，愿斋戒一月，只身至山谢罪！天明，汝等开船自去，吾且暂回，不得相陪矣！"雅宜等信以为真。

至天明，恰好有一只小船来到，说是苏州去的。解元别了众人，跳上小船。行不多时，推说遗忘了东西，还要转去。袖中措几文钱，赏了舟子，奋然登岸。到了一饭店，办下旧衣、破帽，将衣巾换讫，如穷汉之状。走至华府典铺内，以典钱为由，与主管相见。卑词下气，问主管道："小子姓康，名宣，吴县人氏，颇善书，处一个小馆为生。近因拙妻亡故，又失了馆，孤身无活，欲投一大家充书办之役，未知府上用得否？倘收用时，不敢忘恩！"因于袖中取出细楷数行，与主管观看。主管看那字，写得甚是端楷可爱，答道："待我晚间进府禀过老爷，明日你来讨回话。"是晚，主管果然将字样禀知学士。学士看了，夸道："写得好，不似俗人之笔，明日可唤来见我。"次早，解元便到典中，主管引进解元拜见学士。学士见其仪表不俗，问过了姓名住居，又问："曾读书么?"解元道:"曾考过几遍童生,不得进学,经书还都记得。"学士问何经?解元虽习《尚书》,其实五经俱通的,晓得学士习《周易》,就答应道:"《易经》。"学士大喜道:"我书房中写帖的不缺,可送公子处作伴读。"问他要多少身价?解元道:"身价不敢领,只要求些衣服穿。待后老爷中意时,赏一房好媳妇足矣!"学士更喜,就叫主管于典中寻几件随身衣服与他换了,改名华安。送至书馆,见了公子。公子教华安抄写文字,文字中有字句不妥的,华安私加改窜。公子见他改得好,大惊道:"你原来通文理,几时放下书本的?"华安道:"从来不曾旷学,但为贫所迫耳。"公子大喜,将自己日课教他改削。华安笔不停挥,真有点铁成金手段。有时题义疑难,华安就与公子讲解。若公子做不出时,华安就通篇代笔。

先生见公子学问骤进,向人夸奖。学士讨近作看了,摇头道:"此非孺子所及,若非抄写,必是倩人。"呼公子诘问其由,公子不敢隐瞒,说道:"曾经华安改窜。"学士大惊,唤华安到来出题面试。华安不假思索,援笔立就,手捧所作呈上。学士见其手腕如玉,但左手有枝指。阅其文,词意兼美,字复精工,愈加欢喜,道:"你时艺如此,想古作亦可观也!"乃留内书房掌书记。一应往来书札,授之以意,辄令代笔,烦简曲当,学士从未曾增减一字。宠信日深,赏赐比众人加厚。华安时买酒食与书房诸童子共享,无不欢喜。因而潜访前所见青衣小鬟,其名秋香,乃夫人贴身伏侍,顷刻不离者。计无所出,乃因春暮,赋《黄莺调》以自叹:"风雨送春归,杜鹃愁,花乱飞,青苔满院朱门闭。孤灯半垂,孤衾半鼓，萧萧孤影汪汪泪。忆归期，相思未了，春梦绕天涯。"

学士一日偶到华安房中，见壁间之词，知安所题，甚加称奖。但以为壮年鳏处，不无感伤，初不意其有所属意也。适典中主管病故，学士令华安暂摄其事。月余，出纳谨慎，毫忽无私。学士欲遂用为主管。嫌其孤身无室，难以重托。乃与夫人商议，呼媒婆欲为娶妇。华安将银三两送与媒婆，央他禀知夫人说："华安蒙老爷夫人提拔，复为置室，恩同天地。但恐外面小家之女，不习里面规矩。倘得于侍儿中择一个见配，此华安之愿也！"媒婆依言禀知夫人，夫人对学士说了。学士道："如此诚为两便。但华安初来时，不领身价，原指望一房好媳妇。今日又做了府中得力之人，倘然所配未中其意，难保其无他志也。不若唤他到中堂，将许多丫鬟听其自择。"夫人点头道是。

当晚夫人坐于中堂，将丫鬟二十余人各盛饰装扮，排列两边，恰似一班仙女，簇拥着王母娘娘在瑶池之上。夫人传命唤华安，华安进了中堂，拜见了夫人。夫人道："老爷说你小心得用，欲赏你一房妻小。这几个粗婢中，任你自择。"叫老姆姆携烛下去照他一照。华安就烛光之下，看了一回，虽然尽有标致的，那青衣小鬟不在其内。华安立于傍边，黯然无语。夫人叫："老姆姆，你去问华安：'那一个中你的意？就配与你。'"华安只不开言。夫人心中不乐，叫："华安，你好大眼孔，难道这些丫头就没个中你意的？"华安道："复夫人，华安蒙夫人赐配，又许华安自择，这是旷古隆恩，粉身难报。只是夫人随身侍婢还来不齐，既蒙恩典，愿得尽观。"夫人笑道："你敢疑我有吝啬之意。也罢！房中那四个

157

一发唤出来与他看看，满他的心愿！"原来那四个是有执事的，叫做：春媚、夏清、秋香、冬瑞。春媚，掌首饰脂粉；夏清，掌香炉茶灶；秋香，掌四时衣服；冬瑞，掌酒果食品。管家老姆姆传夫人之命，将四个唤出来。那四个不及更衣，随身妆束。秋香依旧青衣。老姆姆引出中堂。站立夫人背后，室中蜡炬，光明如昼，华安早已看见了，昔日丰姿，宛然在目。还不曾开口，那姆姆知趣，先来问道："可看中了谁？"华安心中明晓得是秋香，不敢说破，只将手指道："若得穿青这一位小娘子，足遂生平。"夫人回顾秋香，微微而笑，叫华安且出去。华安回典铺中，一喜一惧，喜者机会甚好，惧者未曾上手，惟恐不成。偶见月明如昼，独步徘徊。吟诗一首："徙倚无聊夜卧迟，绿杨风静鸟栖枝。难将心事和人说，说与青天明月知。"

次日，夫人向学士说了。另收拾一所洁净房室，其床帐家火，无物不备，又合家僮仆奉承他是新主管，担东送西，摆得一室之中，锦片相似。择了吉日，学士和夫人主婚，华安与秋香中堂双拜，鼓乐引至新房，合卺成婚，男欢女悦，自不必说。夜半，秋香向华安道："与君颇面善，何处曾相会来？"华安道："小娘子自思想。"又过了几日，秋香忽问华安道："向日阊门游船中看见的可就是你？"华安笑道："是也！"秋香道："若然，君非下贱之辈。何故屈身于此？"华安道："吾为小娘子傍舟一笑，不能忘情，所以从权相就。"秋香道："妾昔见诸少年拥君，出素扇纷求书画，君一概不理。倚窗酌酒，旁若无人。妾知君非凡品，故一笑耳！"华安道："女子家能于流俗中识名士，诚红拂、绿绮之流也！"秋香道："此后于南门街上，似又会一次。"华安笑道："好利害的眼睛！果然，果然！"秋香道："你既非下流，实是什么样人？可将真姓名告我。"华安道："我乃苏州唐解元也。与你三生有缘，得谐所愿，今夜既然说破，不可久留。欲与你图谐老之策，你肯随我去否？"秋香道："解元为贱妾之故，不惜辱千金之躯，妾岂敢不惟命是从！"华安次日将典中帐目细细开了一本簿子，又将房中衣服首饰及床帐器皿另开一帐，又将各人所赠之物亦开一帐，纤毫不取。共是三宗帐目，锁在一个护书籅内，其钥匙即挂在锁上。又于壁间题诗一首："拟向华阳洞里游，行踪端为可人留。愿随红拂同高蹈，敢向朱家惜下流。好事已成谁索笑？屈身今去尚含羞。主人若问真名姓，只在康宣两字头。"是夜雇了一只小船，泊于河下。黄昏人静，将房门封锁，同秋香下船，连夜望苏州去了。

天晓，家人见华安房门封锁，奔告学士。学士教打开看，床帐什物一毫不动，护书籅内帐目开载明白。学士沉思，莫测其故。抬头一看，忽见壁上有诗八句，读了一遍，想："此人原名不是康宣。"又不知什么意故，来府中住许多时，若是不良之人，财上又分毫不苟。又不知那秋香如何就肯随他逃走，如今两口儿又不知逃在那里？"我弃此一婢，亦有何难？只要明白了这桩事迹。"便叫家僮唤捕人来，出信赏钱，各处缉获康宣、秋香，杳无影响。过了年馀，学士也放过一边了。

忽一日学士到苏州拜客，从阊门经过。家僮看见书坊中有一秀才坐而观书，其貌酷似华安，左手亦有枝指，报与学士知道。学士不信，分付此童再去看个详细，并访其人名姓。家童复身到书坊中，那秀才又和着一个同辈说话，刚下阶头，家童乖巧，悄悄随之，那两个转弯向潼子门下船去了，仆从相随共有四五人。背后察其形相，分明与华安无二，只是不敢唐突。家童回转书坊，问店主："适来在此看书的是什么人？"店主道："是唐伯虎解元相公。今日是文衡山相公舟中请酒去了。"家童道："方才同去的那一位可就是文相公么？"店主道："那是祝枝山，也都是一般名士。"家童一一记了，回复了华学士。学士大惊，想道："久闻唐伯虎放达不羁，难道华安就是他？明日专往拜谒，便知是否。"

次日写了名帖，特到吴趋坊拜唐解元。解元慌忙出迎，分宾主而坐。学士再三审视，果肖华安。及捧茶，又见手白如玉，左有枝指。意欲问之，难于开口。茶罢，解元请学士书房中坐，学士有疑未决，亦不肯轻别，遂同至书房，见其摆设齐整，啧啧叹美，少停酒至，宾主对酌多时。学士开言道："贵县有个康宣，其人读书不遇，甚通文理。先生识其人否？"解元唯唯。学士又道："此人去岁曾佣书于舍下，改名华安。先在小儿馆中伴读，后在学生书房管书束，后又在小典中为主管。因他无室，教他于贱婢中自择，他择得秋香成亲。数日后夫妇俱逃，房中日用之物一无所取，竟不知其何故？学生曾差人到贵处察访，并无其人，先生可略知风声么？"解元唯唯。学士见他不明不白，只是胡答应，忍耐不住，只得又说道："此人形容颇肖先生模样，左手亦有枝指，不知何故？"解元又唯唯。少项，解元暂起身入内。学士翻看桌上书籍，见书内有纸一幅，题诗八句，读之，即壁上之诗也。解元出来，学士执诗问道："这八句诗乃华安所作，此字亦华安之笔，如何有在尊处？必有缘故，愿先生一言，以决学生之疑。"解元道："容少停奉告。"学士心中愈闷道："先生见教过了，学生还坐，不然即告辞矣！"解元道："禀复不难，求老先生再用几杯薄酒。"学士又吃了数杯，解元巨觥奉劝。学士已半酣，道："酒已过分，不能领矣！学生请教，止欲剖胸中之疑，并无他念。"解元道："请用一箸粗饭。"饭后献茶，看看天晚，童子点烛到来。学士愈疑，只得起身告辞。解元道："请老先生暂挪贵步，当决所疑！"命童子秉烛前引，解元陪学士随后共入后堂。

　　堂中灯烛辉煌，里面传呼："新娘来！"只见两个丫鬟伏侍一位小娘子，轻移莲步而出，珠珞重遮，不露娇面。学士惶悚退避。解元一把扯住衣袖，道："此小妾也，通家长者，合当拜见，不必避嫌。"丫鬟铺毡，小娘子向上便拜，学士还礼不迭。解元将学上抱住，不要他还礼。拜了四拜，道："老先生请认一认，方才说学生颇似华安，不识此女亦似秋香否？"学士熟视大笑，慌忙作揖，连称得罪！解元道："还该是学生告罪！"二人再至书房。解元命重整杯盘，洗盏更酌。酒中学士复叩其详，解元将阊门舟中相遇始末细说一遍，各各抚掌大笑。学士道："今日即不敢以记室相待，少不得行子婿之礼。"解元道："若要甥舅相行，恐又费丈人妆奁耳。"二人复大笑。是夜，尽欢而别。

　　学士回到舟中，将袖中诗句置于桌上，反复玩味："首联道'拟向华阳洞里游'，是说有茅山进香之行了。'行踪端为可人留'，分明为中途遇了秋香，担搁住了。第二联'愿随红拂同高蹈，敢向朱家惜下流'。他屈身投靠，便有相挈而逃之意。第三联'好事已成谁索笑？屈身今去尚含羞'。这两句明白。末联'主人若问真名姓，只在康宣两字头'，康字和唐字头一般，宣字与寅字头无二，是影着唐寅二字，我自不能推详耳。他此举虽似情痴，然封还衣饰，一无所取，乃礼义之人，不枉名士风流也。"学士回家，将这段新闻向夫人说了，夫人亦骇然。于是厚具妆奁，约值千金，差当家老姆姆押送唐解元家，从此两家遂为亲戚，往来不绝。至今吴中把此事传作风流话柄。有唐解元《焚香默坐歌》，自述一生心事，最做得好！歌曰：

> 焚香默坐自省己，口里喃喃想心里，
>
> 心中有甚害人谋？口中有甚欺心语？
>
> 为人能把口应心，孝弟忠信从此始。
>
> 其馀小德或出入，焉能磨涅吾行止。
>
> 头插花枝手把杯，听罢歌童看舞女。
>
> 食色性也古人言，今人乃以为之耻。
>
> 及至心中与口中，多少欺人没天理。
>
> 阴为不善阳掩之，则何益矣徒劳耳。
>
> 请坐且听吾语汝，凡人有生必有死，
>
> 死见阎君面不惭，才是堂堂好男子。

这个故事当然精彩，为唐伯虎的风流才子形象染上了光彩夺目的色调，但近世论者按之史实，多认为纯属子虚乌有。

对此，我的看法是：人物全无根据，事件亦有可能。

"人物全无根据"，系指其中华鸿山、秋香等很难与唐伯虎有缘。据《明史》卷287，华察，字子潜，号鸿山，无锡人，嘉靖五年进士，选庶吉士，历官兵部郎中、翰林修撰，因使朝鲜劾罢，再历侍读学士，掌南院事。华性朴素，有《岩居稿》《皇华集》传世。据此，华鸿山成进士之日，唐伯虎已死去三年，怎么能卖身投靠于华太师府呢？至于《唐解元一笑姻缘》中文墨不通的华公子，还有评书《三笑》中的大呆二呆更是冤哉枉也，事实上华鸿山之子名叔阳，字起龙，少年科第，于隆庆二年（1568）以二甲一名成进士，官礼部主事，有《华礼部集》，学问应该是很好的，与文理不通的呆公子根本联系不上。

秋香其人虽见于野史典籍，但不是大家婢女，而是成化年间南京院妓，她本名林奴儿，风流姿色，冠于一时，又从史廷直、王元父学画，笔墨清润有致。后来，秋香从良了，有老相好想与她再叙旧情，秋香画柳于扇，题诗婉拒：

昔日章台舞细腰，任君攀折嫩枝条。

如今写入丹青里，不许东风再动摇。

如果这首诗真是秋香所写的话，应该说是写得很好的。诗中将昔日不能掌握命运的自己比作风中的柳条。末两句说，现在柳条画到了扇面上，风儿再也吹不动了（见徐电发《本事诗》注）。秋香在成化年间在南京高张艳帜，年纪应该比唐伯虎大一截了，他们之间实在难以发生风流韵事。倒是祝枝山不知在什么场合，见到这个扇面，写了一首七绝诗："晃玉摇金小扇图，五云楼阁女仙居。行间看过秋香字，知是成都薛校书。"诗意平平，实在不敢恭维，比起秋香的原作明显逊色了。

总之，三笑传说中的华鸿山、华公子、秋香都是史有其人而实无其事。因此，《耳谈》记载吴江人陈玄超娶秋香，《露书》记载江阴吉道人娶秋香，《西神丛话》记载无锡人俞见安娶美娘，《桐下听然》记载华府小姬窥笑唐伯虎，人物组合均不一致。

"事件亦有可能"，系指除人名附会名人外，唐伯虎有这样的艳事是不足为怪的。项元汴生于1525年，距唐伯虎的死仅两年，可以说是同时人，然而他的《蕉窗杂录》已经记录了唐伯虎卖身为佣追求秋香的故事，以后距伯虎之死仅几十年的万历年间何大成刊《唐伯虎全集·外编》、尹守衡撰《史窃》都已著录，并且尹守衡将此事写入《史窃》列传第七十二《唐寅传》，是据为正史的。此外笔记《泾林杂记》、弹词《笑中缘》、小说《警世通言》都是明代作品，也都记载此事，应该说事出有因。晚明著名文人袁中郎似乎也相信其有，他在《唐伯虎全集·纪事》此段眉批云："此女大不俗。得子畏为配，亦一笑为之媒耶？然子畏亦可谓有心人矣。"当时是万历二十四年（1595），距伯虎去世才七十二年，所以，我以为仅仅因为传说附会了历史人名而轻易否定其事存在，也是草率武断的态度。

反过来，我们要问：既然三笑传说定型之前的类似故事中的主人公不是唐伯虎，为什么时人和后人传说纷纷，都异口同声地将之归属唐伯虎呢？

三笑传说虽十分离奇，却说出一个深刻的道理：能够抛弃体面，逾越名教，赤裸裸地追求幸福，追求爱情，追求个性自由，这才是真正超脱形骸的才子痴情。

　　而只有历史原型的唐伯虎才具备这种痴情，才具备承受这类风流传闻的胆量，才配得上这样风流绮软的故事，怎能不为人们所津津乐道、附会传说呢？

第七章　宁王府

芦苇萧萧野渚秋，满蓑风雨独归舟。
臭嫌此地风波恶，处处风波处处愁。

——《题画》

　　我们在第五章中已叙及，唐伯虎筑室桃花坞后，更加疏狂放浪，过着"花中行乐月中眠"的生活，这种懒散自适的民间艺术家的生活他真愿意一直过下去，终老此生。然而一件突如其来的事变将他晕头晕脑地卷入了政治漩涡，并且险些遭到覆舟之祸。

　　事变的发生须要追溯到二十多年前。

　　成化二十三年（1487）宪宗病死，他的儿子朱佑樘即位，即为孝宗，年号弘治。孝宗在位期间，任用贤臣，勤于治理，裁抑宦官，整肃了英宗、宪宗时期太监专权乱政的现象；并提倡节俭，与民休息，颇有仁、宣之遗风。因而社会矛盾得到一定的缓和，出现一个相对安定的时期，这就是旧史艳称的"弘治中兴"。可惜好景不长，孝宗只做了十八年皇帝就病死了，年仅三十六岁。孝宗死后，其十五岁的独子朱厚照继承皇位，改元正德，是为武宗。这是明朝最昏庸腐朽的皇帝之一。

　　武宗对政事不感兴趣，尤其对天天那么一大堆枯燥乏味的奏疏和听学士讲读经史感到厌烦。他喜欢的是骑射游猎，宠爱的是太子时代陪他玩乐的太监，尤其是刘瑾。

刘瑾迎合武宗奢侈好色的癖好，经常会同爪牙弄来鹰犬、歌伎、角抵之类供武宗玩乐，并带他到宫外游玩，因此取得了信任和宠爱。刘瑾更引党羽焦芳入阁，与自己表里为奸。他怂恿武宗大兴土木，建造太素殿、天鹅房船坞，又另建一座多层的宫殿，两厢设有密室，勾连栉列，名曰"豹房"。武宗和一些宦官及佞小人整天在里面花天酒地，歌舞宴乐，还搜罗了一些白皙妖艳的色目女子昼夜在豹房宣淫。

刘瑾见武宗完全沉湎于声色之中，便乘机窃取权柄。他权擅天下，威福任情，天天都有一大批各府部衙门的官员在他家门口等候汇报公事，而科道部属以下的小官还须跪着等待，如同等候皇帝召见一般。他还利用权势侵渔百姓，大肆贪贿，百姓深以为苦。

刘瑾的专权乱政，给皇族内部的藩王起兵叛乱提供了口实。正德五年（1510）四月，安化王朱寘镭以讨伐刘瑾、"清除君侧"为名，举兵反叛朝廷，杀掉巡抚、总兵、镇守太监等人，抢劫库藏，焚烧官府。后来朱寘镭被擒赐死。这次反叛从起事到失败，前后仅十八天，但给明中叶的政治带来了巨大的影响。

朱寘镭虽被镇压，但武宗见到了朱寘镭发布的檄文中揭露刘瑾十七件违法之事，勃然大怒，下令逮捕刘瑾，后将其处以磔刑。行刑之日，许多受害者争着买刘瑾的肉吃，以发泄心头之恨，竟有用一文钱换一小片肉的。

武宗虽然把刘瑾杀了，但并没有从中吸取教训，却宠信两个佞臣，其中一个叫江彬，一个叫钱宁。

江彬是宣府人，因残杀农民起义军立功，升为左都督。他生性狡诈机警，善于迎合人意。武宗很喜欢他，留侍左右，并赐姓朱。钱宁是广西镇安人，早年进入锦衣卫，他有一身好武艺，能左右开弓，因而取得武宗的宠爱，步步高升，一直做到左都督，掌领锦衣卫，主管诏狱。武宗对钱宁言无不听，常常让他陪着在豹房里花天酒地。有一次，一起喝得大醉，武宗就枕着钱宁睡觉。钱宁凭借武宗的宠爱和自己手中的权力，招权纳贿，打击异己。江、钱二人都是武宗近臣，然而为了争宠，又彼此钩心斗角。

就在这样的政治背景下，产生了宁王之祸，并将风流才子唐伯虎也卷入了漩涡。

宁王朱宸濠是朱元璋的五世孙，封国在南昌。他身边的几个术士称他仪表非凡，又说城东南有天子之气。宸濠大喜，便在城东南修造离宫，假称阳春书院，又时时打听朝中的虚实，希望有机可乘。偏偏武宗无子，群臣多次请他召亲王的儿子为嗣子。若按血缘关系，朱宸濠比较疏远，没有希望，于是，他就勾结武宗身边得宠的侍臣，让他们在武宗面前夸奖他"孝且勤"，希望有朝一日自己的儿子能被召入继大统。他先是贿赂勾结刘瑾，后又勾结钱宁，通过钱宁恢复了以前被削夺的护卫军队。朱宸濠仗着朝中有人，在地方上无恶不作。他擅自杀逐地方官吏，霸占百姓田宅，抢夺民家子女，豢养强盗在江湖抢劫财货，并搜罗亡命，私制兵器，蓄谋反叛。

宁王朱宸濠野心勃勃，裂土分茅既不能满足他的欲壑，儿子待召入继也不能缓解他急迫的渴求，他一定要身登九五，把明朝江山易帜。出于这样的政治目的，他自然首先要笼络人心，学习汉代的王莽，谦躬下士，不惜卑辞厚币，罗致五岳四海的奇才异能之士，博取声名，网罗鹰犬，以帮助实现他那皇帝之梦。

这样，宁王的目光就扫向了文人荟萃的苏州，注意到了醉卧在苏州桃花坞的"江南第一风流才子"唐伯虎。

明正德九年（1514），宁王朱宸濠的征聘专使来到苏州。

专使向四十五岁的文徵明奉上了书信和聘金。素性淡泊的文徵明以生病来推辞，金银全数退还，也没有回信。

唐伯虎曾经说过，在作诗与绘画方面自己可以与文徵明争雄，至于在学问与品行方面，自己自愧不如，将含羞捧面而走。事实上也确实如此，宁王的专使到来后，伯虎却接受了聘书和聘金。

伯虎受聘的原因简言之有二，一是当时宁王谋反的形迹还没有显露出来。《明鉴纲目》卷五说，宁王党羽李士实、刘养正商议，派遣奸细分布水陆孔道，封锁消息，扼杀情报，因此朝廷直到正德十三四年（1518、1519）才有所闻。伯虎受聘是正德九年，其时宁王反迹未露，"礼贤下士"之名正盛，伯虎受聘是全无池鱼之虑的。二是伯虎虽然绝意仕途，放浪形骸，但他始终有怀才不遇之感。他曾在《画红拂妓》上题诗云：

杨家红拂识英雄，着帽宵奔李卫公。

莫道英雄今没有，谁人看在眼睛中。

李卫公，即李靖，唐代以功封卫国公。相传隋末李靖贫贱时，谒见越国公杨素，众侍婢中有一执红拂者，深情瞩目于李。当夜五更时分，红拂紫衣戴帽，乔装来投李靖，两人同归太原。这个"慧眼识英雄"的故事引发了一代又一代男子的艳羡和神往。显然，唐伯虎是以李靖自许，而期待着能出现独具慧眼的红拂。他在另一首《题画》诗中更坦率地呼吁：

> 李白才名天下奇，开元人主最相知。
>
> 夜郎不免长流去，今日书生敢望谁？

"今日书生"当然就是他自己。诗中的感情也就是祝枝山在《唐伯虎墓志铭》中代他抒发的："有过人之杰，人不歆而更毁；有高世之才，世不用而更摈。此其冤宜如何已？"怀才不遇，这也是折磨着一代一代中国封建失意文人的通病。现在，宁王厚币征聘，至少说明有高位者赏识自己，伯虎当然欣然受聘，命驾南昌了。

南昌，华东重镇，位于赣江下游东岸，在汉初即为南方昌盛之地，故名南昌。汉设豫章郡，隋改洪都，唐以后设南昌府，所以土勃《滕王阁序》里说"洪都故郡，南昌新府"。明初一度改洪都府，到唐伯虎时就又改为南昌了。明太祖朱元璋的第十七子朱权，于洪武二十四年（1391）受封为宁王，初封大宁（在长城喜峰口外），永乐初移藩南昌。朱权自恃靖难有功，非常骄恣，后被废为庶人，奉敕辑《通鉴博论》《汉唐秘史》等数十种，学术上总算是还有一点成就。朱宸濠则是朱权的玄孙，弘治中袭封为宁王，建藩南昌。他没有乃祖的学问，却继承了乃祖的骄恣，更发展为不可遏止的野心。

伯虎来到南昌，立刻成为了宁王府的上宾。他那英俊潇洒的相貌，儒雅不凡的谈吐，出口成章的诗文，意旨遥深的绘画，飘逸秀媚的书法，倾倒了宁王府上上下下，使王府供养的一班文人墨客相形之下黯然失色。宁王十分得意伯虎来归的"广告效应"：普天之下，谁不知道唐解元是文章巨擘、风流魁首，现在他成了自己的座上客，这件事不仅轰动了南昌城，而且举国上下都将其作为佳话传播，不正说明自己礼贤下士，不正预示着将来的天下归心吗？所以宁王对伯虎殷勤优渥，专为他修建了舒适的宾馆，逢人即称"解元公"，饮宴必尊之上席，一切都非常优待。

但是，唐伯虎是何等聪明绝世的人！在宁王府才五个多月，他不仅耳闻目睹了宁王鱼肉百姓的斑斑劣迹，更重要的是，他觉察出宁王对抗朝廷、图谋反叛的野心。他冷静地分析了朝野局势和宁王府的动态，料到不出五年，朱宸濠一定会举兵造反！然而又不能成事，"多行不义必自毙"，不消多久，一定会烟消火灭，身首异处！到那时候，所有现在让朱宸濠用卑辞厚币罗致而来的人才，一定会名列逆党，玉石俱焚！他向来是讲究明哲保身的，正如他在《警世》之三中所说：

> 但凡行事要知机，斟酌高低莫乱为。
> 乌江项羽今何在，赤壁周瑜业更谁？
> 赢了我时何足幸，且饶他去不为亏。
> 世事与人争不尽，还他一忍是便宜。

"知机"，对于伯虎来说，就是及早见机，保全清白之躯，早早回乡，免得日后横遭无妄。何况他是那样地喜欢桃花坞红灼灼的桃花，那样地留恋美丽多情的江南歌伎，那样地想念与诗画朋友的聚啸风流！他认为犯不上贪恋眼前的富贵利禄，和那些目光短浅的醉生梦死的狐群狗党，同待在这座岌岌可危的冰山上面，等待大祸的降临。这时，他想到了素所敬仰的西晋名士加狂士阮籍。当时司马氏当权，形势险恶，确实如《晋书》所言"天下多故，名士少有全者"，因此竹林名士常常深切地怀抱着忧生念乱之情，借酒佯狂，远祸全身。这方面最成功的莫过于阮籍。青年时的阮籍是一个踌躇满志的英俊人物，他曾登广武山，观楚汉相争的古战场，喟然长叹说："时无英雄，使竖子成名！"根本不把叱咤一时的刘邦、项羽放在眼里，宏图壮志，溢于言表，后来，为应付险恶的政治环境，他变得"发言玄妙，口不臧否人物"。他原本喜欢饮酒，这时更将酒作为逃避政治斗争、远祸全身的手段。司马昭的亲信钟会多次找阮籍谈论时事，企图借机陷害，也都被阮籍用长醉的办法应付过去。即使万一说错了话，也可以借醉求得谅解。司马昭为儿子马司炎求婚于阮籍，阮籍不愿，又不能明拒，于是就沉醉六十日不醒，使求婚者没有机会提出，只好作罢。司马昭要进爵晋王，加九锡之礼，他的亲信让阮籍写劝进文章。阮籍也借醉拖延，等到使者来取文稿，把他叫醒，他才写一篇文辞清丽的空话敷衍了事。

这些前贤遗事，此时此际给予了伯虎深深的启发。伯虎想到宁王心怀叵测，又耳目众多，自己既已被他引诱上钩，如果席不暇暖就告辞而去，宁王一定会大启疑窦，怀疑自己掌握了他的作乱形迹，窥见了他的造反阴谋。为了防止泄露，素性猜疑残忍的宁王，一定会加害于自己。到时候，未正明国家的典刑，倒先做了宁王府的刀下之鬼，这岂是智者所为？只有向阮籍学习，佯狂露秽，使酒骂座，先让宁王产生厌弃之心，然后再慢慢地设法脱离虎口。

唐伯虎主意已定，就整天喝得醉醺醺的，上那秦楼楚馆去猎艳寻芳，往那烟花巷陌去眠花宿柳，并且到处胡闹，故意做得错乱颠倒，好让人家传给宁王知道。最后甚至遇到了王府的丫鬟仆妇，便痴痴癫癫地任意调笑，对她们说出许多猥亵不堪的话，有时还一会儿哭，一会儿笑，举动完全失去了常态。

有几次，王府的妃嫔坐着软轿出入，衣冠不整的伯虎竟趑趄着走到路上，对着轿子脱裤撒尿，口中还喃喃地念着古书："骄其妻妾！"（骄谐音浇）衙役管家上前叱责，他就放声大哭，或是仰天狂笑。因为他是王爷礼聘的解元公，家人衙役也不敢捆打，只是无可奈何地拖开了事。

这种种迹近疯狂的行为，很快就传到宁王耳里。宁王起初还是不太相信，后来暗中亲自窥察，竟是当面看到了几次，不由大为恼怒。他疑心有诈，又命人以他的名义，到宾馆给伯虎馈赠物品，只见伯虎光着身子，蹲在地上，破口大骂。使者返命，宁王悻悻地说：

孰谓唐生贤？直一狂生耳！

这时，王府上下内外那一班原本嫉妒伯虎的文人幕僚，乘机大进谗言，肆意攻击，怂恿宁王将伯虎赶出王府。宁王考虑到唐伯虎虽然名满天下，但现今已成为不能出众的癫狂，眼见得其神志已被酒色消磨殆尽，无论如何才高学广，也不能再干什么大事，更谈不上辅佐王业了，倒不如放归故里，以免日后因之误事。

就在宁王踌躇不定的时候，有天伯虎喝得酩酊大醉，乘兴拿过纸笔，歪歪斜斜地写了一首七律，托人转致宁王：

信口吟成四韵诗，自家计较说和谁？

白头也好簪花朵，明月难将照酒卮。

得一日闲无量福，作千年调笑人痴。

是非满目纷纷事，问我如何总不知？

字迹虽然潦草，意思却很明白。一则表示自己向往及时行乐，白头簪花，明月照酒，清闲自在，胸无大志；二则表示日后不问是非，将装聋作痴。这样的表示当然解除了宁王的疑虑，于是只说让他回家养病，赠了路费，派人一直将伯虎送返苏州。

俗话说：鲤鱼摆脱金钩去，摇头摆尾再不来。伯虎脱离虎口，如释重负，回到水乡苏州后，依旧与诗朋酒侣聚啸桃花坞，过他那种放浪形骸的生活了。以后，他曾画过一幅《抱琴图》，上题诗曰：

抱琴归去碧山空，一路松声两腋风。

神识独游天地外，低眉宁肯谒王公！

"一路松声两腋风"，写出了他离赣归苏的轻快之感；而"低眉宁肯谒王公"，则可视为他的总结和忏悔了。人不可有傲气，但不可无傲骨。这种傲骨，朋友文徵明有，自己也应该有。

以后时势的演变如疾风暴雨，的确如唐伯虎所料。

地方官吏一再向朝廷报告朱宸濠的不法行为，要朝廷加以警惕。一些依附江彬的太监为了打击钱宁，也不断地在武宗面前说朱宸濠的不是，如太监张忠就说："称宁王孝，讥陛下不孝耳；称宁王勤，讥陛下不勤耳。"（见《明鉴纲目》卷五）这样，宁王就引起了武宗的反感。正德十四年，也正在唐伯虎估计的五年之内，朱宸濠谋叛的迹象更加明显，御史肖淮上疏揭发其罪行，并说，朝廷如不及早采取措施，后患不堪设想。于是，武宗派官持谕前往南昌，准备收其护卫，令其自新。宁王朱宸濠听说朝廷的使臣将来，就设计在自己的生日宴请地方官员，事先伏下甲士。席间，他宣称奉太后密旨，令其起兵入朝。不服从的官员，当场被杀掉，大部分则被囚禁起来。而后，他召集军队，攻克九江、南康，七月，又率领舟师顺江而下，进攻安庆。时南赣巡抚、金都御史王守仁得到朱宸濠反叛的消息后，立即召集各府军队，趁南昌空虚，一举将它攻克。当时，朱宸濠正在力攻安庆不克，听说南昌被攻破，大为恐慌，急忙撤兵回救。王守仁率兵迎战，朱宸濠及其世子、郡王、谋臣、将士都被俘虏，次年朱宸濠被斩于通州。从起事到被俘，前后只四十三天。

宁王之乱平定以后，武宗下旨严惩逆党，昔日宁王府里的座上客，此时都成了阶下因，有的身首异处，有的被监禁，有的遭流放。据《风流逸响》说，当时有人提出，唐伯虎在宁王府受到的礼遇甚隆，理应追究，意图将其列为逆党。主事者很怜惜伯虎的才华，但又苦于无计挽救。后来在搜查清理宁王府时，见到当年唐伯虎住过的宾馆墙上有他的题诗：

碧桃花树下，大脚黑婆娘。

未说铜钱起，先铺芦席床。

三杯浑白酒，几句话衷肠。

何时归故里，和她笑一场。

全诗明白如话，首二句揭出对故园桃花坞的忆念，"大脚黑婆娘"是对自己妻子沈九娘的戏称。中四句是叙说夫妻相得的日常生活，亲切平易，而又撩人乡思。末二句直接抒写了自己返乡的渴望。这首诗呈报上去以后，当局认为足以说明伯虎不是朱宸濠的逆党，竟没有对他予以处罚。这当然是野乘传说，不过我总怀疑是伯虎料事机先之举。他是一个绝顶聪明的人，既然能够逆料宁王府的结局和府中人物的命运，而及时装疯脱身，那么预为之谋，题诗于壁，作为自己未介入阴谋的凿凿之证，使自己幸免于祸，这正是伯虎的过人之处。

出入宁王府，是唐伯虎一生经历的一个大波折。他不像挚友文徵明，体现出一种坚持冰雪操守的儒者之刚，在这个波折中，他更多的是表现出一种柔性的"智者"的形象，万历年间，何大成在《唐伯虎全集序》中有一段很精审的议论：

吾吴伯虎唐先生，以风流跌宕，擅名一时，厥后坎坷沦落以死，议者谓良玉善剖，宝剑善割，嗟嗟唐生，终已焉哉！愚曰："不然，伯虎当宸濠物色时，名已败矣！身已废矣！英雄末路，能不自点者几人哉？伯虎佯狂自污，卒以获免，此岂风流跌宕之士所能窥其际乎？其殆几乎于智者欤？"议者终咎其失足于徐经以为口实。吁戏！伯虎尚不失足于宸濠，乃甘以其身徇徐经耶？

按何大成的说法，伯虎能够免祸于宸濠之变，不仅说明他是一般风流跌宕之士所不及的智者，而且也反证了以前所谓科场之狱的冤屈。确实，诸如不辱浙吏，斥去妒妇，跳楼避都穆，佯狂逃宁王，都是淡泊自甘之行。这是很有说服力的议论，也可以看作唐伯虎出入宁王府这段传奇经历的总结。

第八章　六如居士

这个和尚，唤作达摩，一语说不来，九年面壁坐，人道是观世音化身，我道他无事讨事做。

——唐伯虎《达摩赞》

一

先生守砚石为田，水似秋鸿振满天。

千首新诗惊醉饮，一箪脱粟共枯禅。

——《题沈石田先生后集》

　　"漫应千金聘，笑掷千金装。空手归故园，正值菊花黄。"（徐应雷《唐家园怀子畏》）唐伯虎逃离虎口，从南昌回到苏州，正是秋风时节，他又重新恢复了市民艺术家的生活。可能由于坎坷太多，兼之营养不良，未到五十岁，唐伯虎的头发差不多全白了，他为此开玩笑地作诗说："堪笑满中皆白发，不欺在上有青天。"不久，妻子沈九娘病故了，他就养了一头梅花鹿，坐卧相随，有时看看小鹿在桃花丛中穿行奔跑，颇得自然之趣。

　　"四海资生笔一枝"，卖画鬻字是唐伯虎唯一的谋生手段。逢上晴和的日子，伯虎会带上画囊，信步出门。正如他在《散步》诗中说的："吴王城里柳成畦，齐女门前水拍堤。卖酒当垆人袅娜，落花流水路东西。"苏州的酒楼里有的是最美丽慧巧的卖酒女子，顾盼斟酌，赏心悦目。一觞一饮之间，有人来求画，他就就着酒桌，铺开纸笔，边闲谈边挥洒，酒钱自然求画者会替他结算的。

除张灵、徐祯卿早已病故外，经过宁王之祸，苏州的文士大多家居。正如好棋手相聚会感到格外有劲道一样，如今唐伯虎的诗人和画家朋友都聚集苏州，这种气氛颇能激发他的艺术创造力。

祝枝山曾一度做过广东兴宁知县，现在弃职回家，整天纵酒狎妓，卖画鬻字。他生活贫困，但仍乐呵呵的。他的狂草师法怀素，似乎在生活坎坷和酒色刺激下，点划结体也越来越放纵不羁。

王鏊已经六十几岁了，他是唐伯虎的朋友中官做得最大的一位，正德年间任户部尚书兼文渊阁大学士，如今也弃官家居。他博学有识鉴，尚经术，诗文有名于时，人称震泽先生。死后葬在吴县东山，伯虎为其墓撰联："海内文章第一，朝中宰相无双。"

文徵明书画的名气越来越大，学问也更精深，但仍是一身傲骨。有一位都御史俞谏，看到文徵明很有才学，可是家境清贫，准备送一些钱给他，就问文徵明："你早晚有什么困难吗？"文徵明说："我早晚都有粥吃。"俞又指着他的衣服说："怎么破成这样？"文徵明还是装作不懂地答非所问："这是暂时淋了雨的缘故。"这样使俞谏要送给他钱的意图难以出口。

唐伯虎和他的朋友们在彼此家中聚会、喝酒、说笑、作诗，经常在半醉半醒之际，他们之中的一位会走到桌边，桌上早安置了纸、墨、笔，一个人动手挥毫作画，其他的人就在旁边观望起哄，题诗作序，环境和气氛都非常理想。第二天，自然有"经纪人"将这些艺术品取去，为他们销售。

北宋的大艺术家苏东坡评论一位年轻的写意画家宋子房时曾说："观士人画如阅天下马，取其意气所到。"唐伯虎与他的朋友就是进行这种"意气所到"的士人画创作，他们让天才和灵性，借助毛笔、墨汁的韵味，将自我显露在洁白的宣纸之上。

中国传统绘画可以分为士人画（文人画）、宫廷画和民间画三大类。唐伯虎的绘画是士人画家数，但由于他师从周臣，而周臣一度担任宫廷画师，所以伯虎也接受了宫廷绘画的影响，行笔清丽、构图缜密，所画山水、花鸟、亭台楼阁，极其精致。无论是当时还是后世，对唐伯虎绘画都评价很高，认为他虽然取法前人而能有所发展，甚至超过前人。毛大伦的《增广图绘宝鉴》就说他"山水、人物无不臻妙，虽得刘松年、李晞古之皴法，其笔资秀雅，青于蓝也"。确实，唐伯虎学养深厚，经历坎坷，中年以后，笔墨技法愈益精湛，意境创造也更为丰富。他的取材范围比较宽，形式也比较多，所有这些方面，不仅超越了周臣，也为其他吴门画家所不及。

伯虎的绘画创作，山水画占主要地位。他能取法南宋诸家，而能变化南宋院体。伯虎的山水造景，或雄伟险峻，或平远清幽，都能小中见大，粗中见细。他的山石皴法用李唐的大斧劈，不过李唐的皴法是用偏锋斫成，势在清刚壮阔，伯虎则将劈法化面为线，并掺和"披麻""乱柴"等皴法，演变为一种用尖笔中锋写出的特殊皴法，流动而又有风姿。他画的树木枝梢，用笔也挺秀锐利，不像李唐那样凝重稳健。其烘染墨彩，亦能随物象的阴阳虚实而起巧妙的变化，达到明洁滋润，给人以强烈的实感。我们试看他的一些传世之作，如《骑驴归思图》描绘一个敝袍寒士正于秋风瑟瑟、林木萧瑟、峰峦奇崛的溪山深处，骑着疲驴而归。《采莲图卷》以简淡的笔墨，富有感情地描绘出晚秋的荷塘景色，都很好地体现了伯虎的艺术风格，确实是"远攻李唐，足任偏师；近交沈周，可当半席"（见王穉登《吴郡丹青志》）。

人物画也是唐伯虎所擅长的，其中仕女题材占相当大的比重。伯虎继承了唐宋以来张萱、周昉、周文矩的仕女造型，而在内容和形式上又有其时代特点。他的人物、仕女，在画法上大致可分两种：一种线条细劲，设色妍丽；一种笔墨流动，飘逸淡雅。前一种的传世之作如《王蜀宫妓图》。这幅画取材是前蜀王衍的宫廷生活，画面中四个仕女婷婷玉立，人物造型准确，动态典雅生动；笔法匀细，线条疏密有致，图案缜密清晰；色彩鲜艳而高雅，面部的额、鼻、颏三部分施白粉显得娟好秀丽。画上题诗：

莲花冠子道人衣，日侍君王宴紫微。

花柳不知人已去，年年斗绿与争绯。

借着对王衍靡烂腐败生活的讽喻，表达了画家的态度。后一种的传世之作如《秋风纨扇图》，画面中一少女手把纨扇，淡妆素雅，飘逸潇洒，风神卓绝，属于南宋风格的白描画。总之，唐伯虎的仕女画确实画得很好，时人都认为源于他"生平风韵多也"。黄九烟《补张灵崔莹合传》甚至编造出伯虎为宁王朱宸濠绘《九美图》进献武宗皇帝的荒唐故事，倒是文徵明独具只眼地发出了肺腑之论：

> 六如居士春风笔，写得蛾眉妙有神。
>
> 展卷不禁双泪落，断肠元不为佳人。

　　文徵明知道，唐伯虎是带着深深的同情或是热烈的爱慕来描画蛾眉的；见到画上的女子，也就激起了对命乖时蹇的伯虎的同情。这也从另一方面说明伯虎的仕女画之所以传神，是因为他投入了巨大的激情，画家的精神实际已与画中的人物融合为一体了。

　　中年后，唐伯虎除精于山水人物之外，也擅画花鸟。《枯槎鹳鹆图》是他的传世精品，画面上一只鹳鹆站在一枝枯枝上，昂首鸣叫，极其生动传神。用笔虽简，其灵活干净的笔墨和疏密有致的章法，可代表画家花鸟画的特点和水平。其他如《临水芙蓉图》《梅花图》《雨竹图》等作，以水墨提炼形象，堪称中国花鸟画的妙品。

　　最值得注意的是唐伯虎在诗、书、画三方面的结合。由于书法和绘画在材料（水墨、宣纸）、工具（毛笔）上相同，在用笔的技法上本有关联，而诗歌与绘画的内容意境又常是一致的，所以诗书画结合不仅完全能够取得和谐，并且能够互相补充，使主题更突出，内容更丰富。在东晋顾恺之的《女史箴图卷》和《洛神赋图卷》的摹本里，就已有绘画和文学作品结合的先例。唐代的王维是著名的诗人和画家，所谓"诗中有画，画中有诗"，是指意境的相通。根据现有的资料，他还不是把诗直接题在画上。到了宋代，有些文人画家如苏轼、米芾等才时常在自己的画上写一段题记。因为他们的诗文和书法本来比绘画还要擅长，这样一来的确能够为画生色，使观赏者得到更多的感受，然而总不免有"诗书胜于画"的感觉。元代的赵孟𫖯、倪瓒等都是诗、书、画兼长，显然更有意识地在一幅画上使诗、书、画结为一体。例如倪瓒的山水画上就大多有题咏，诗的内容能帮助我们对于画境有更深的体会，而书法所表现的风格也和画完全是一致的。

明代画家如沈周、文徵明、唐伯虎等把这一传统发展到更成熟、更普遍流行的地步。特别是唐伯虎，诗书画达到了更完美的结合。在伯虎的笔下，诗、书、画是一个思想整体的几种不同的表现形式，而这些不同的表现形式之间，则存在着有机的联系。我们看唐伯虎的画上，多半有诗或题记；有的画上在诗以外又加几句题记，介绍诗和画的关系或是画和生活的关系。如他曾画有一幅《相如涤器图》，内容是说卓文君和司马相如私奔后，因家贫，一起到文君家乡临邛开酒店，由文君当垆卖酒，相如洗涤器具，而题诗则是：

> 琴心挑取卓王孙，卖酒临邛石冻春。
> 狗监犹能荐才子，当时宰相是闲人。

诗中"石冻春"是酒名。狗监是汉代掌管皇帝猎犬的官，此指蜀人杨得意任狗监时，曾向汉武帝提及司马相如，末句则讽刺当时掌权者失职无能，未能发现人才。这样，就使观画者感受到作者的深远的旨趣，甚至从"当时"想到"现今"，产生强烈的联想效应。又如他的《秋风纨扇图》，画面中一淡妆女子，神态忧伤，执扇伫立，左上角用媚秀的行书题七绝一首："秋来纨扇合收藏，何事佳人重感伤。请把世情详细看，大都谁不逐炎凉。"赏画观诗，作者坎坷的经历，佳人被弃的凄凉、轻薄的世态，都水乳交融般地结合起来，浸润着你的精神，使你览画之余，一洒异代同情之泪。

唐伯虎对于题字的多少、地位和字体也都有匠心：一般都用秀逸的行草题在画的上右方或上左方。除了诗词的内容和画境有联系外，所占的位置、面积、轻重都和画的构图有关联，成为画的一个组成部分，而字体和画的笔法也是和谐一致的。

诗书画完美地结合在一个画面上，是我国文人画的一大特色。可贵的是，唐伯虎不仅在这方面达到很高的成就，而且他的绘画对民间绘画有相当大的影响。桃花坞是与杨柳青、杨家埠并称的我国年画三大中心产地之一。桃花坞木刻年画印行始于明代，不少题材内容都来自唐伯虎作品，如《高祖斩蛇》《三顾草庐》《陶渊明爱菊》《钟馗》《洞宾化女人携瓶图》《王蜀宫妓图》《渔家乐》《芭蕉仕女图》《桃花坞图》等。同时年画的有些题材取自唐伯虎的传说故事。如《三笑姻缘》，用连环画形式表现唐伯虎三笑点秋香的故事。图中有"半塘寺伯虎初遇秋香""秋香伯虎二次相遇湖塘""隐姓埋名投华府为奴""三番会见冤家秋香""低头受尽千般苦""恩赐冤家成婚配"等十个情节。明中叶以后，随着封建社会走向没落，文人画家日益走向社会底层。同时，方兴未艾的民主启蒙运动又使他们眼睛向下，更多地体察底层社会的艰辛生活。因此，明中叶以后不少文人画家常过问民间绘画，有些知名的文人画家还投入民间版画的制作，与民间刻工一起，画书籍插图。如众所周知的晚明大画家陈洪绶就与徽派版画名工黄子立协作，创作了《水浒叶子》《九歌图》等插图，为明末版画增添了光彩，由于史乘缺乏，没有发现唐伯虎直接过问民间绘画的资料，但他的住地成为年画作坊中心，他的作品直接收入年画印制，肯定他与年画制作界关系是很密切的。事实上，唐伯虎之所以能在某些方面跳出古人窠臼，走自己的道路，原因之一就是他融合了民间艺术和文人画的优良素质，使自己的作品别开生面，令人耳目一新，在他的绘画作品中能清楚地体现出民间绘画的惠泽。

在高卧桃花坞、卖画鬻文的同时，伯虎还进行了绘画理论的探讨。他说：

> 工画如楷书，写意如草圣。不过执笔转腕灵妙耳。世之善书者多善画，由其转腕用笔之不滞也。

又说：

> 作画破墨，不宜用井水，性冷凝故也。温汤或河水皆可。洗砚磨墨，以笔压开饱浸水讫，然后蘸墨，则吸上匀畅；若先蘸笔而后蘸水，被水冲散，不能运动也。

这都是经验之谈，甘苦之语。他还搜辑了历代画论，从唐五代到宋元，内容则或叙源流，或论技法，或谈鉴赏，或述装，分为三卷，名为《唐伯虎画谱》。他在自序中说"予弃经生业，乃托之丹青自娱。因述旧闻，附以己见"，可见他辑录《画谱》还是付出了艰辛的劳动，取舍之间，是断以"己见"的。

　　无论是绘画创作，还是画论探讨，唐伯虎都是在中年以后隐居桃花坞时期达到了自己光辉的顶点。

二

　　一龛碧火蒲团坐，十亩黄柑酒瓿车。

——文徵明《赠唐居士》

　　唐伯虎与北宋的乐天才子苏东坡有不少相类似的地方，如同样才华横溢，都曾罹牢狱之灾，都是诗书画全才，此外，还有一个重要的相类之处，就是对和尚与名妓的喜好。根据文字记载，苏东坡·生总是与和尚、名妓有不解之缘。唐伯虎也一样，他总是以一种诗意的哲学化了的人生观看待生活，有了诗词书画，他热爱今生，不会去当禁欲的和尚。有了哲学，他十分明智，也不会沉沦在浅颦低笑之中。他不能弃绝青山绿水，也不会弃绝美人、诗画和酒肉，但是他有深度，不可能成为肤浅的纨绔子弟，也不可能变成清寒的苦行高僧。他享受和尚和名妓，而不会被他们俘虏。

　　大概中年以前，唐伯虎与妓女关系甚密；中年以后，则与和尚交往颇多。他读了很多佛经，根据《金刚经》四句偈"一切有为法，如梦幻泡影，如露亦如电，应作如是观"，自号六如居士，并且怀着虔诚的敬意写了《达摩赞》《赞林酒仙书圣僧诗后》《释迦如来赞》《第十二尊半渡波山那迦犀那尊者赞》等。尽管这些赞语少几分佛国庄严、多几分生活风趣，但仍充满了恭敬。如《达摩赞》：

> 两只凸眼，一脸落腮，有些认得，想不起来。噫！是踏芦江上
> 客，一花五叶至今开。

奇怪的是，唐伯虎对道教却采取了大不敬的态度，除了前面第二章介绍的诗讽炼丹士的故事外，《风流逸响》还记载，有人求唐伯虎在《列仙图》上题咏，伯虎援笔即题：

> 但闻白日升天去，不见青天走下来。
> 偶然一日天破了，大家都叫阿瘤瘤！

"阿瘤瘤"，是吴中小儿群奔起哄之声。唐伯虎在诗中辛辣地讽刺了道教"白日升天"之说，表示了自己极度的轻蔑。

对于佛教，伯虎却十分尊崇。他和许多和尚都是好朋友，《金陵游记》就记载南京报恩寺的和尚藏有很多唐伯虎的墨迹，其中有一幅精细绝伦的白描达摩图，达摩兀然危坐，一经袱放在身旁，右方题记是："嘉靖癸巳春弟子唐寅画。"还有一位西洲，是嘉禾龙洲寺和尚，能诗善文，领袖天下禅林，唐伯虎曾画赠山水一幅，上题五十言怀诗，下跋云：

> 与西洲别后三十年，偶尔见过，因书鄙作并图请教。病中殊无
> 佳兴，草草见意而已。友生唐寅。
>
> （见《支那南画大成》卷九）

傲视天下的伯虎居然自称"友生"，并"请教"，可见与西洲相知相重非同一般了。唐伯虎对一些佛教活动不遗余力，治平禅寺要修建一座竹亭，他就热情地写了《治平禅寺化造竹亭疏》，想象竹亭修建后"秀岩和尚击节而悟空，清平禅师指竿而说法"的胜况，然后请各方面的朋友"幸舍余资，共成胜事"。他还为寒山寺写了《姑苏寒山寺化钟疏》。寒山寺在苏州阊门西七里之枫桥镇，建于六朝时期的梁天监年间（502—519），距今已有一千四百多年历史了，原名妙利普明塔院，到了唐代贞观年间，传说当时的名僧寒山和拾得曾由天台山来此住持，塔院因改名寒山寺。诗人张继又写了一首《枫桥夜泊》诗："月落乌啼霜满天，江枫渔火对愁眠。姑苏城外寒山寺，夜半钟声到客船。"由于把枫桥与寒山寺的优美意境融为一体，颇具诗中有画的艺术趣致，因而成了千古绝唱，寒山寺的钟声也名传遐迩。可惜因寒山寺历经沧桑，那只大钟早已失传了。明代嘉靖年间，苏州士民又发起重铸，唐伯虎就应约写了《姑苏寒山寺化钟疏》。在疏文中，他将寒山钟声与李白、张继的韵事联系起来，希望大家能解囊施助这"庄严佛土"。文末还作了四句偈语：

姑苏城外古禅房，拟铸铜钟告四方。

试看脱胎成器后，一声敲下满天霜。

佛家妙语，而又文采斐然！后来这口巨钟铸成后，悬于钟楼，敲起来声音洪亮，可达数里之外。可惜明末流入日本，与寒山寺只能隔海相望了。清末康有为还有诗感叹："钟声已渡海云东，冷尽寒山古寺枫。"读来令人惆怅不已，当然这是后话了。

六如居士的和尚朋友自然很多，除了前面所说的南京报恩寺僧外，苏州和尚柏子亭是他的好友。柏子亭通诗文而又不乏风趣，一天，他去支硎山，途中在一家客店休息。主人认得是诗僧柏子亭，就拿出纸笔求诗。柏子亭不假思索，戏书一绝云：

> 门前不见木樨开，惟有松梅两处栽。
> 腹内有诗无所写，往来都把轿儿抬。

主人将诗贴在墙壁上，很久还没人能读懂。一天唐伯虎偶然到店中歇息，见到墙上的诗，大笑着说："这首诗是谁作的？他是嘲笑店中没有'香烛纸马'啊！"大家仔细琢磨，"木樨"，即桂花，桂花很香，首句是说无香。松、竹、梅号称"岁寒三友"，次句"惟有松梅"，意即无竹（谐"烛"）。三句"无所写"，意即无纸。四句只有轿，意即无马。这样诗意才豁然明朗了。可见柏子亭机锋之聪颖！

有一次，吴县一个和尚因犯通奸罪，被戴枷站在大街上示众，这时适逢伯虎经过，伯虎忍不住写下这首诗：

> 精光顶上着紫光顶，有情人受一无情棒。
> 出家人反做在家人，小和尚连累大和尚。

唐解元的题诗使围观的人们都发出了快活的笑声，风流和尚也得到了宽大处理。上面这首滑稽诗用俚语写成，在民间口耳相传，平添了这位才子的风流佳话。

　　唐伯虎在四十岁以后居住桃花坞期间，才开始勤研佛教哲学。正如他少年时代所作《伥伥诗》中所说："老后思量应不悔，衲衣持钵院门前。"难怪有人评为"诗谶"了。更妙的是，在唐伯虎身上，禅学、美女、文章、丹青交织融合，他得意地总结自己是"龙虎榜中题姓氏，笙歌队里卖文章。跏趺说法蒲团软，鞋袜寻芳杏酪香"，将与妓女周旋、僧徒结队，看作自自然然的文士生涯，而认为没有必要再去寻求什么功名了。事实上，精研佛学使唐伯虎能够用一种禅意的眼光看待生活，无论是五彩斑斓的丹青，还是花团锦簇的美女。这一点，他的密友文徵明最为了解，文有首《子畏为僧题墨牡丹》七绝云：

　　　　居士高情点笔中，依然水墨见春风。
　　　　前身应是无尘染，一笑能令色相空。

　　好一个"一笑能令色相空"！佛教哲学能够从繁华热闹中看出冷清寂寞，也能从贫困潦倒中享受美好的福祉，难怪中年以后的唐伯虎经常白首青灯，蒲团独坐，乐此不疲了。

三

　　　　万妄安能灭一真，六如今日已无身。

　　　　　　　　　　　　　　　　　　——祝枝山《挽唐子畏》

　　时光老人是无情的，他将一个个天真烂漫的少年送到生机勃勃的中年，飞快地又使他们进入暮色苍茫的晚年。眼下，唐伯虎已经走到了生命的最后一段路途，尽管他才五十岁上下。

　　这一段时期，他的生活中有三个变化应该叙述一下。

　　一是与沈九娘生下一女。伯虎生前即将她许配给好友王宠之子王国士为妻。王宠小唐伯虎二十四岁，字履吉，号雅宜山人，苏州人，精小楷，师法王献之、虞世南，尤善行草，其书婉丽俊逸，疏秀有致。当伯虎去世时，王宠仅三十岁，其子至多十岁左右，与伯虎女儿年龄相当。伯虎死后，王宠于嘉靖九年以诸生贡入太学，可惜于嘉靖十二年（1533）就死去了，年仅四十岁。后来，伯虎女儿嫁给了王国士，就住在横塘王家村。

　　二是正德十三年（1518），伯虎四十九岁时，岳母吴氏病故，伯虎作了《徐廷瑞妻吴孺人墓志铭》。吴氏是伯虎原配徐夫人的母亲，徐氏约殁于伯虎二十五六岁时，伯虎曾作《伤内》诗悼之。从《徐廷瑞妻吴孺人墓志铭》中得知，徐夫人殁后二十余年中，伯虎尚与妻家往来不绝，所以，他自称"寅为女婿三十年"。于此也足见他不是那种寡情薄义之人。

　　三是当伯虎五十一岁时，弟弟子重继唐长民死后又生下两个儿子，大的叫兆民，小的阜民。子重见伯虎没有儿子，就将兆民过继给他。嘉靖二年，伯虎去世时，兆民才三岁。后来，唐兆民在《遗命记》中沉痛记叙了这一段家史。

　　从以上三事的简略叙述中，我们可以看出唐伯虎晚景的不济了。而对他的生活造成更大的困难，像乌云窒息般地笼罩着他的生命最后历程的则是贫穷。

现今有句时髦话：贫穷不是罪恶。然而"贫居闹市无人问，富在深山有远亲"，世俗社会中，对待穷人如同躲避瘟疫一样的人大有人在。由于科场冤狱，上下打点，家底已空，连年以来，丧事又接二连三，兼之书画市场不景气，一家数口是难以维持生计的。伯虎的朋友钱仁夫有《和唐解元咏破衣》，中有句云：

> 缝纫细了反成好，绽裂多些转觉宽。
>
> 冒雨披风那便坏，捉襟露肘任教寒。

衣上补丁密，反是好事；裂口多，倒觉宽大，这当然是朋友之间阿Q式的安慰之词，但也于此可见伯虎鹑衣百结的贫窘之状。

不仅衣不能御寒，而且食不能果腹，有时十天半月都不能吃上一顿肉，只能吃些瓜菜，"萧条若僧"，唐伯虎为此写了"大白话"《爱菜词》：

> 我爱菜！我爱菜！傲珍馐，欺鼎鼐。多吃也无妨，少吃也无奈。……我爱菜，人爱肉。肉多不入贤人腹。厨中有碗黄粥，三生自有清闲福。

菜和肉当然各有各的营养和滋味，只爱吃菜而不爱吃肉也是某种人的饮食偏好，但穷得吃不上肉的寒士这样片面而狂热地鼓吹吃菜则未免有点滑稽可笑，也有点凄凉可怜。

　　也许是生性倔强，也许是真的掌握了高明的禅学，唐伯虎不屈的灵魂和人生观不容许他失去生活的乐趣。只有到晚年，他才觉得自己真正懂得了苏东坡。以往，他只是佩服东坡的学问，崇拜东坡的才华，向往东坡的风流，他甚至追踪东坡先生的遗迹，泛舟赤壁，醉酒黄州，去体验那种神秘的梦境。然而直到现在，他才理解东坡人格的最动人处。东坡一生屡遭贬谪，由黄州而惠州而儋州，流窜蛮荒雾瘴之地，身历九死一生之险，而能享受"白头萧散满霜风，小阁藤床寄病容。报道先生春睡美，道人轻打五更钟"的豁达安适的春睡（苏轼《纵笔》），而能感受"日啖荔支三百颗，不辞长作岭南人"（苏轼《食荔枝》）的充满感激的禅悦，这就是东坡伟大人格的闪光！于是，伯虎觉得自己与东坡先生息息相通，他精描细画了一幅东坡造像，上面题诗是：

乌台十卷青蝇案，炎海三千白发臣。

人尽不堪公转乐，满头明月脱纱巾。

　　朋友们见了，称赞伯虎的画画出了东坡精神，诗也写出了东坡的精神，不愧为异代知己。至于他自己的生活，他有《风雨浃旬，厨烟不继，涤砚吮笔，萧条若僧，因题绝句八首，奉寄孙思和》以纪其实，这八首诗都写得极好，充满了东坡式的禅悦，兹录四首于下：

十朝风雨苦昏迷，八口妻孥并告饥。

信是老天真戏我，无人来买扇头诗。

抱膝腾腾一卷书，衣无重褚食无鱼。

旁人笑我谋生拙，拙在谋生乐有余。

白板门扉红槿篱，比邻鹅鸭对妻儿。

天然兴趣难摹写，三日无烟不觉饥。

领解皇都第一名，猖披归卧旧茅衡。

立锥莫笑无余地，万里江山笔下生。

　　诗中记叙了自己艰苦的生活，十朝风雨，无人问市，三日无烟，有口告饥；也描摹了那种清贫的天然之趣，谋生虽拙，却自食其力，居处虽陋，而妻儿和睦；更抒发了从事艺术创作的万丈豪情，胸中块垒，笔下江山，孜孜不倦，生机勃勃！他还画了一幅《煮茶图》，上面题道："束书杯茶，氍毹就地，吾事毕矣。不忆世间有黄尘汗衣，朱门臭酒也。"一个人当他的物质欲求低于客观条件及周围环境所能给予时，客观条件及周围环境其奈他何！他就能够产生一种刚强不屈的清高的精神力量。

　　晚年，在书画生意清淡的时候，在"束书杯茶"之余，唐伯虎精研诗法，他认为"诗有三法，章、句、字也"。谋章要求做到"气韵宏壮""意思精到""词旨高古"。造句时描摹事物一定要能传神，要与所写事物相似；炼句要像制药一样，一定要求精；剪裁句子要像裁缝衣裳一样，一定要合体。至于用字，则"妆点之如舞人，润色之如画工，变化之如神仙"。他认为，做到这些，"为诗之法尽矣"。所以他在读诗时，"列章法于其题下，又摘其句，以句法字法标之"，写成《作诗三法》一书。可惜这本书已经失传，我们只能从《唐伯虎全集》中《作诗三法序》中知其大略。看来，伯虎的观点与当时以李梦阳、何景明为代表的"前七子"提出的"文必秦汉，诗必盛唐"的主张是不尽相同的。应该肯定，伯虎对于古代诗论是有贡献的。

嘉靖二年（1524）十二月二日，贫病交加的唐伯虎很快衰弱下去，呼吸艰涩。年龄才十二三岁的小女、弟弟子重抱着继子和亲家王宠流着泪，在床边守候着他。在回光返照之际，伯虎写下了这么一首"绝笔诗"：

一日兼作两日狂，已过三万六千场。

他年新识如相问，只当飘流在异乡。

他喃喃低语，似吟似诵，脸上也好像带着一丝微笑，声音渐渐停息了，唐伯虎终于走完了他那沉重而艰涩的人生道路，这年他才五十四岁。也许是感到离自己的诗文中常常计算的"人生七十"还差得很远，他以狂补之，一日作两日，算来已过百年，现在要飘流到一个神秘的异乡去了。自己是不会死的，不会离开朋友和亲人的。

由尘世的标准来看，唐伯虎的一生相当坎坷不幸。然而，正如同孔子评价为信念而饿死的伯夷叔齐："他们求仁而得仁，为什么要后悔呢？"伯虎求狂而得狂，也许他正是带着这样一种心理撒手尘寰的。

一个人的才智、际遇和成就的关系始终是一个谜。抛开伯虎对自己一生是如何总结的不论，他的朋友与后人就普遍认为唐伯虎的一生是一个失败：他才华过人，资质天赋，想平步青云，泽及于民，但又落到并始终生活在市民社会；想"为一家学"，立言垂世，但又有始无终；最后致力于书画及诗词创作，论者又大多有微词，连好友祝枝山在《唐伯虎墓志铭》中也说"不及精谛"。枝山说：

> 气化英灵，大略数百岁一发钟于人，子畏得之。一旦已矣，此其痛宜如何置！

依照他们的观点，造物主数百年才将英气集中在一个人身上，伯虎就是这样难得的天才。现在天才没有完成应有的成就就谢世了，令人何等悲痛啊！对于这种"悲天悯人"之论我不敢苟同，对于才智、际遇及成就谜一样的三角关系，考之历代名人，我至今都感觉糊涂和迷惘。我却以为，这些论者的前提，亦即依唐伯虎的天分原本应有更高的成就，是值得怀疑的。我倒是赞同邵毅平先生的见解：

> 如果唐寅没有牵入科场案，而是顺顺当当地中了会元，做到三公六卿；如果他发愤著书，成为明代有名的学者；如果他更为认真地作诗作画，使他的诗画达到更高的水平，那么，他的一生难道会比他实际所过的更有价值吗？未必。唐寅的一生的主要意义，在于他敢于坦率地追求一种更为自由、更为真诚的生活。他已经达到了封建时代中只有很少数知识分子才能达到的精神高度。至于他的功名是否大，著作是否多，诗画是否工，那都是次要的问题。
>
> （《十大文学畸人·唐寅》）

唐伯虎死了，但是他却为我们留下了一代士人对自由的狂热向往，留下了他灵魂的欢欣和心智的乐趣，这都是其文章书画不可比拟的宝藏。

由于王宠是伯虎的儿女亲家，就将伯虎葬在横塘王家村，这也就是我们在第一章介绍的明末雷起剑在荒烟野水间所见之墓。至于桃花庵的墓以及魁星阁，恐怕都是后人附会而修建的了。依照子重的安排，兆民过继给伯虎，以后，兆民生子昌祚，昌祚生子应祥，应祥生子宜端，宜端生允锡、允钦、允铨，允锡生道济，早卒。以后唐氏的支庶就无可考了。

附录　唐伯虎诗文选

伤 内

凄凄白露零,百卉谢芬芳。

槿花易衰歇,桂枝就销亡。

迷途无往驾,款款何从将?

晓月丽尘梁①,白日照春阳。

抚景念畴昔,肝裂魂飘扬!

---

① 丽,附着。这里作照耀讲。

渔樵问答歌

渔翁舟泊东海边，樵夫家住西山里。

两人活计山水中，东西路隔万千里。

忽然一日来相逢，满头短发皆蓬松。

盘桓坐到日卓午①，互相话说情何浓？

一云深山有大木，中有猛兽吃人肉。

不如平园采短薪，无虑无忧更无辱。

一云江水有巨鳞，滔天波浪惊杀人。

不如芦花水清浅，波涛不作无怨心。

吾今与汝要知止，凡事中间要谨始。

生意宜从稳处求，莫入高山与深水。

花下酌酒歌

九十春光一掷梭，花前酌酒唱高歌。

枝上花开能几日？世上人生能几何？

昨朝花胜今朝好，今朝花落成秋草。

花前人是去年身，去年人比今年老。

今日花开又一枝，明日来看知是谁？

---

① 卓午，正午。

明年今日花开否？今日明年谁得知？

天时不测多风雨，人事难量多龃龉①。

天时人事两不齐，莫把春光付流水。

好花难种不长开，少年易老不重来。

人生不向花前醉，花笑人生也是呆！

睡　起

纸帐空明暖气生②，布衾柔软晓寒轻。

半窗红日摇松影，一甑黄粱煮浪馨③。

残睡无多有滋味，中年到底没心情。

世人多被鸡催起，自不由身为利名。

---

① 人事，指人的祸福、荣枯、寿夭等事。龃（jǔ）龉（yǔ）：本指上下牙齿不能对合。比喻不相结，
相抵触。

② 纸帐，用藤皮茧缝制的帐子。

③ 一甑黄粱，暗用"黄粱一梦"的典故。

把酒对月歌①

李白前时原有月，惟有李白诗能说。

李白如今已仙去②，月在青天几圆缺？

今人犹歌李白诗，明月还如李白时。

我学李白对明月，月与李白安能知！

李白能诗复能酒，我今百杯复千首。

我愧虽无李白才，料应月不嫌我丑。

我也不登天子船，我也不上长安眠。

姑苏城外一茅屋③，万树桃花月满天。

席上答王履吉④

我观古昔之英雄，慷慨然诺杯酒中⑤。

义重生轻死知己⑥，所以与人成大功。

我观今日之才彦，交不以心惟以面。

①把酒，手持酒杯。

②仙去，去世。死的婉辞。

③姑苏，今江苏省苏州市。茅屋，唐寅在苏州城外桃花坞所筑桃花庵。

④王履吉，唐寅的忘年之交，即王宠，酷爱诗文、书画，累试不第。

⑤然诺，许诺。

⑥死知己，为知己而死。

面前斟酒酒未寒，面未变时心已变。

区区已作老村庄①，英雄才彦不敢当。

但恨今人不如古，高歌伐木矢沧浪②。

感君称我为奇士，又言天下无相似。

庸庸碌碌我何奇？有酒与君斟酌之！

妒花歌

昨夜海棠初着雨，数朵轻盈娇欲语。

佳人晓起出兰房③，折来对镜比红妆。

问郎花好奴颜好④，郎道不如花窈窕⑤。

佳人见语发娇嗔⑥，不信死花胜活人。

将花揉碎掷郎前，请郎今夜伴花眠！

---

① 老村庄，指粗野之人。

② 伐木，《诗经·小雅》中的一篇，为古代贵族宴请朋友故旧的乐歌。矢，誓。沧浪，古水名，在今湖北境内，苏州则有沧浪池。此处泛指江河。

③ 兰房，妇女的居室。

④ 奴，古代妇女自称。

⑤ 窈窕，美好貌。

⑥ 嗔（音郴），生气。

焚香默坐歌

焚香默坐自省己①，口里喃喃想心里。

心中有何害人谋？口中有甚欺心语？

为人能把口应心②，孝弟忠信从此始③。

其余小德或出入④，焉能磨涅吾行止⑤？

头插花枝手把杯，听罢歌童看舞女。

食色性也古人言⑥，今人乃以为之耻。

及至心中与口中，多少欺人没天理。

阴为不善阳掩之，则何益矣徒劳耳！

请坐且听吾语汝⑦，凡人有生必有死。

死见阎君面不惭，才是堂堂好男子。

---

① 省（音醒），反省，检查。

② 为，符合。

③ 孝弟忠信，封建社会提倡的四种道德规范。孝，善事父母。弟（音替），敬爱兄长。忠，忠于君主。
信，待朋友诚实无欺。

④ 小德，小节。

⑤ 磨涅，磨损浸染。涅，黑色，染黑。行止，品行。

⑥ 食色，食欲、性欲。性，本性，天性。

⑦ 语（音玉），告诉。汝，你。

桃花庵歌

桃花坞里桃花庵[①]，桃花庵里桃花仙；

桃花仙人种桃树[②]，又摘桃花换酒钱。

酒醒只在花前坐，酒醉还来花下眠；

半醒半醉日复日，花落花开年复年。

但愿老死花酒间，不愿鞠躬车马前。

车尘马足贵者趣，酒盏花枝贫者缘。

若将富贵比贫贱，一在平地一在天。

若将贫贱比车马，他得驱驰我得闲。

别人笑我忒风颠[③]，我笑别人看不穿。

不见五陵豪杰墓[④]，无花无酒锄作田。

---

① 桃花坞句，苏州阊门外有桃花坞。明武宗正德二年（1507），唐寅与友人张灵等在此建了一座别墅，
　名桃花庵。

② 桃花仙人，唐寅自称。

③ 忒（音特），太，过甚。风颠：同疯癫。

④ 五陵，汉代五个皇帝的陵墓。常用以指都城。

怅怅诗

怅怅莫怪少时年[1]，百丈游丝易惹牵。

何岁逢春不惆怅，何处逢情不可怜。

杜曲梨花杯上雪[2]，灞陵芳草梦中烟。

前程两袖黄金泪，公案三生白骨禅[3]。

老后思量应不悔，衲衣持钵院门前。

江南四季歌

江南人住神仙地，雪月风花分四季。

满城旗队看迎春，又见鳌山烧火树[4]。

千门挂彩六街红，凤笙鼍鼓喧春风。

歌童游女路南北，王孙公子河西东。

看灯未了人未绝，等闲又话清明节。

呼船载酒竞游春，蛤蜊上市争尝新。

---

① 怅怅，迷茫不知所措的样子。

② 杜曲，古地名，在今陕西省西安市长安区东少陵原东南端。因唐代贵族杜氏世代居住于此，故名。

③ 白骨禅，佛教认为身是幻象，仅见白骨，故借以指佛教义理。

④ 鳌山烧火树，指元宵放灯。从宋代开始，民俗于元宵节之夜放花灯庆祝，堆叠彩灯成山形，称为鳌山。烧火树，指放彩灯。

吴山穿绕横塘过①，虎丘灵岩复元墓②。

提壶挈盒归去来，南湖又报荷花开。

锦云乡中漾舟去，美人鬟压琵琶钗。

银筝皓齿声继续，翠纱汗衫红映肉。

金刀剖破水晶瓜，冰山影里人如玉。

一天火云犹未已，梧桐忽报秋风起。

鹊桥牛女渡银河，乞巧人排明月里。

南楼雁过又中秋，悚然毛骨寒飕飕。

登高须向天池岭③，桂花千树天香浮。

左持蟹螯右持酒，不觉今朝又重九。

一年好景最斯时，橘绿橙黄洞庭有。

满园还剩菊花枝，雪片高飞大如手。

安排暖阁开红炉，敲冰洗盏烘牛酥。

销金帐掩梅梢月，流酥润滑钩珊瑚。

汤作蝉鸣生蟹眼，罐中茶熟春泉铺。

寸韭饼，千金果，鳖裙鹅掌山羊脯。

侍儿烘酒暖银壶，小婢歌阑欲罢舞④。

黑貂裘，红氆氇⑤，不知蓑笠渔翁苦！

---

① 吴山，在杭州西湖东南，春秋时为吴国南界，故名。横塘，在苏州吴中区和相城区西南。

② 虎丘，山名，在今江苏苏州西北阊门外。相传春秋时吴王阖闾葬于此，三日有虎踞其上，故名。灵岩，山名，即灵岩山，在今江苏吴县市木渎镇西北。

③ 天池，指山原上的湖泊。

④ 阑，完毕，结束。

⑤ 氆氇，藏语音译，指藏族手工生产的一种羊毛织品，一般用作衣服和坐垫等面料。

送 行

牢落三杯酒^①，飘摇一叶舟。

行人还远路，寒色上貂裘。

此日伤离别，还家足唱酬。

萧斋烦扫榻^②，为我醉眠谋。

偶 成

还丹难成药，粘日苦无胶。

沽酒衣频典，催花鼓自敲。

功名蝴蝶梦^③，家计鹪鹩巢^④。

世事灯前戏，人生水上泡。

---

①牢落，孤寂，无所聊赖。

②萧斋，书斋的别称。

③蝴蝶梦，《庄子·齐物论》中记载庄周梦中变成了蝴蝶，醒来后竟不知自己做梦变成了蝴蝶，还是蝴蝶做梦变成了庄周。后来因称虚幻的梦境为蝴蝶梦。

④鹪鹩巢，当作鹪鹩巢，取《庄子·逍遥游》"鹪鹩巢于深林，不过一枝"之意，言其微小。鹪鹩，一种小鸟。常取茅苇毛毳为巢，大如鸡卵，系以麻发，于一侧开孔出入，形甚精巧，故俗称巧妇鸟。

严　滩①

汉皇故人钓鱼矶②，渔矶犹昔世人非。

青松满山响樵斧，白舸落日晒客衣。

眠牛立马谁家牧，鹭鹕鸬鹚无数飞③。

嗟余漂泊随饘粥④，渺渺江湖何所归。

七夕歌

人间一叶梧桐飘，蓐收行秋回斗杓⑤。

神官召集役灵鹊，直渡银河横作桥。

河东美人天帝子⑥，机杼年年劳玉指。

织成云雾紫绡衣，辛苦无欢容不理。

帝怜独居无与娱，河西嫁与牵牛夫。

自从嫁后废织纴，绿鬓云鬟朝暮梳。

---

① 严滩，即严陵濑，地名。在今浙江桐庐县南。因东汉严光隐居垂钓于此，故名。

② 汉皇，指东汉光武帝刘秀。故人，东汉严光。严光少时曾与刘秀是同学，故称。钓鱼矶，相传为严光垂钓之处，位于桐庐县富春江滨。

③ 鹭鹕（音西翅），水鸟名。又称紫鸳鸯。

④ 饘（音沾），稠粥。

⑤ 蓐收，司秋之神。斗杓，斗柄。北斗七星中，四星像斗，三星像柄。

⑥ 天帝子，神话传说，织女是天帝的孙女。

贪欢不归天帝怒，责归却踏来时路。

但令一岁一相见，七月七日桥边渡。

别多会少知奈何，却忆从前欢爱多。

匆匆万事说不尽，玉龙已驾随羲和①。

河桥灵官催晓发②，令严不肯轻离别。

便将泪作雨滂沱，泪痕有尽愁无歇。

吾言织女君莫叹，天地无穷会相见。

犹胜姮娥不嫁人③，夜夜孤眠广寒殿。

元　宵

有灯无月不娱人，有月无灯不算春。

春到人间人似玉，灯烧月下月如银。

满街珠翠游村女④，沸地笙歌赛社神⑤。

不展芳尊开口笑⑥，如何消得此良辰。

---

①玉龙，古代神话中驾日车的六龙。羲和，古代神话中日车的御者（驾车者、司机）。

②灵官，天上的仙官。

③姮娥，即嫦娥。

④珠翠，珍珠和翡翠，常用作妇女的装饰品。

⑤社神，社稷之神，即土神和谷神。

⑥芳尊，美酒。

桃花庵与希哲诸子同赋（三首其二）

傲吏难容俗客陪，对谈惟鹤梦惟梅①。

羽衣性野契偏合②，纸帐更寒晓未开③。

长唳九皋风淅淅④，高眠一枕雪皑皑。

满腔清思无人定，付与诗篇细剪裁。

言 怀

笑舞狂歌五十年，花中行乐月中眠。

漫劳海内传名字，谁论腰间缺酒钱。

诗赋自惭称作者，众人多道我神仙。

些须做得工夫处⑤，莫损心头一寸天。

---

① 对谈句，北宋诗人林逋赏梅养鹤，终生不娶，人称梅妻鹤子。此用其事。

② 羽衣，指道士。

③ 纸帐，用藤皮纸做的蚊帐。

④ 唳（音利），鹤高亢地鸣叫。九皋，深泽。

⑤ 工夫，即素养，造诣。

散　步

吴王城里柳成畦，齐女门前水拍堤①。

卖酒当垆人袅娜，落花流水路东西。

平头衣袜和鞋试②，弄舌钩辀绕树啼③。

此是吾生行乐处，若为诗句不留题。

题沈石田先生后集④

先生守砚石为田，水似秋鸿振满天。

千首新诗惊醉饮，一箪脱粟共枯禅⑤。

移山入眼成青色，和雪劳心显白颠⑥。

自是随行常捧席，故将名姓附余编。

---

① 齐女门，亦作"齐门"，城门名。古称"望齐门"，故址在今苏州东北。《吴越春秋·阖闾内传》：
　"齐使女为质于吴，吴王因为太子波聘齐女。女少思齐，日夜号泣，因乃为病。阖闾乃起北门，名
　曰望齐门，令女往游其上。"

② 平头，指平头巾。始于隋朝。

③ 弄舌，拨弄口舌，饶舌。钩辀，本为鹧鸪鸟的鸣叫声，借指鹧鸪鸟。

④ 沈石田，即沈周，字启南，号石田，长洲人。明代画家，也是唐寅的好友。

⑤ 箪，盛饭的竹器。脱粟，糙米。枯禅，佛教徒的静坐参禅。

⑥ 白颠，白头。

花月吟效连珠体（十一首选一）

花开烂漫月光华，月思花情共一家①。

月为照花来院落，花因随月上窗纱。

十分皓色花输月，一径幽香月让花。

花月世间成二美，傍月赏花酒须赊。

闻门即事②

世间乐土是吴中③，中有阊门更擅雄④。

翠袖三千楼上下⑤，黄金百万水西东。

五更市买何曾绝⑥，四远方言总不同⑦。

若使画师描作画，画师应道画难工。

①思，情思、思绪。

②阊（音昌）门，指当时苏州城西门。

③吴中，今江苏吴县。

④擅雄，独具雄姿。

⑤翠袖，指歌女。

⑥市买，买卖。

⑦四远，四方边远之地。

漫 兴

此生甘分老吴阊①，宠辱都无剩有狂。

秋榜才名标第一②，春风弦管醉千场。

跏趺说法蒲团软③，鞋袜寻芳杏酪香。

只此便为吾事了，孔明何必起南阳④。

感 怀

不炼金丹不坐禅，饥来吃饭倦来眠。

生涯画笔兼诗笔，踪迹花边与柳边。

镜里形骸春共老，灯前夫妇月同圆⑤。

万场快乐千场醉，世上闲人地上仙。

---

① 老吴阊，终老于苏州。

② 秋榜，乡试之榜。

③ 跏趺，僧徒盘脚而坐的坐势。

④ 孔明，诸葛亮，字孔明。起，出仕。南阳，即南阳郡，孔明隐居于此。

⑤ 灯前句，唐寅休去继室后，续娶沈九娘，生活和谐美满，故言"月同圆"。

梦

二十余年别帝乡①，夜来忽梦下科场②。

鸡虫得失心尤悸③，笔砚飘零业已荒。

自分已无三品料④，若为空惹一番忙。

钟声敲破邯郸景⑤，依旧残灯照半床。

夜　读

夜来欹枕细思量⑥，独卧残灯漏转长⑦。

深虑鬓毛随世白，不知腰带几时黄？

人言死后还三跳，我要生前做一场。

名不显时心不朽，再挑灯火看文章⑧。

---

①帝乡，京城。

②下科场，应试不中。

③鸡虫得失，微小的得失。

④三品料，三品官的材料。

⑤邯郸景，即邯郸梦。唐沈既济《枕中记》云，卢生在邯郸客店梦见自己历尽荣华富贵，梦醒，主人炊黄粱尚未熟。后因以喻虚幻之事。

⑥欹（音七），倾斜。

⑦漏转长，意谓夜越来越深。漏：古代滴水计时器。此指时间。

⑧挑（音窕），举，拨。

姑苏杂咏（四首选一）

江南人尽似神仙，四季看花过一年。

赶早市都清早起，游山船直到山边。

贫逢节令皆沽酒①，富买时鲜不论钱。

吏部门前石碑上，苏州两字皆摩穿②。

题败荷脊令图③

飞唤行摇类急难④，野田寒露欲成团。

莫言四海皆兄弟，骨肉而今冷眼看。

---

① 沽酒，买酒。

② 摩穿，磨平。摩，通磨。

③ 败荷，残荷。脊令（音灵），即鹡鸰，水鸟名。

④ 飞唤句，脊令飞行时喜鸣叫，行走时尾羽上下颤动，如摇摆状，曰飞则鸣，行则摇。又《诗·小雅·常棣》："脊令在原，兄弟急难。"后以喻兄弟急难相顾。

题周东村画①

鲤鱼风急系轻舟②，两岸寒山宿雨收③。

一抹斜阳归雁尽④，白蘋红蓼野塘秋⑤。

闻读书声

公子归来夜雪埋，儿童灯火小茅斋⑥。

人家不必论贫富，才有读书声便佳⑦。

---

①周东村，名臣，字舜卿，号东村，明代画家。唐寅曾向他学画。

②鲤鱼风，九月风。

③宿雨，隔夜的雨。

④归雁，秋季南飞之雁。

⑤白蘋（音贫），水草，夏秋开白色小花。红蓼（音了），植物名，多生水边，开淡红色小花。

⑥茅斋，茅屋。

⑦才，仅仅。

题子胥庙①

白马曾骑踏海潮②，由来吴地说前朝③。

眼前多少不平事，愿与将军借宝刀。

画 鸡

头上红冠不用裁，满身雪白走将来。

平生不敢轻言语，一叫千门万户开。

题画（三首选二）

绮罗队里挥金客，红粉丛中夺锦人④。

---

① 子胥，即伍子胥。楚大夫伍奢之次子，因父、兄为楚平王所杀而奔吴，与孙武共同辅佐吴王阖闾伐
　楚，攻入楚国郢都。后吴王夫差听信谗言，子胥被赐死。

② 白马句，传说伍子胥死后，被投尸于钱塘江而为潮神，素车白马奔行于波浪之上。

③ 吴地，春秋时吴国辖地，现在的江苏、安徽一带。前朝，指春秋时的吴国。

④ 红粉，指美女。夺锦人，指有出人之才者。《新唐书·宋之问传》，武后遊洛南龙门，诏从臣赋诗。
　左史东方虬诗先成，后赐锦袍。之问俄顷献，后览之嗟赏，更夺袍以赐。

今日匡床卧摩诘[①]，白藤如意紫纶巾[②]。

青藜竹杖寻诗处，多在平橘野寺中。

黄叶没鞋人不到，豆篱花发浸溪红。

题杏林春燕（二首）

燕子归来杏子花，红桥低影绿池斜[③]。

清明时节斜阳里，个个行人问酒家。

红杏梢头挂酒旗，绿阳枝上啭黄鹂。

鸟声花影留人住，不赏东风也是痴。

①匡床，方正之床。摩诘，维摩诘居士，一位神通广大的佛教人物。

②如意，用竹、玉、骨等材料制成的器物，用以搔痒，后多供指或赏玩。纶巾，用丝带编的头巾。

③红桥，红栏杆的桥。说指扬州虹桥。

题相如涤器图①

琴心挑取卓王孙②，卖酒临邛石冻春③。

狗监犹能荐才子④，当时宰相是闲人。

效白太傅自咏（三首选一）

高情自信能忘我，隐者何妨独洁身。

无所不知方是富，有衣典酒未为贫⑤。

---

① 相如，司马相如。涤器，洗器具。

② 琴心句，《史记·司马相如列传》："是时卓王孙有女文君新寡，好音。故相如缪与令相重，而以琴
心挑之。"

③ 卖酒临邛，卓文君私奔相如后，因家贫，一起到文君家乡监邛开酒店，文君当垆卖酒。临邛，县名，
在今四川省。石冻春，酒名。

④ 狗监句，指狗监杨得意曾向汉武帝提及司马相如作《子虚赋》之事。狗监，掌管猎犬的官。

⑤ 典，典当，抵押。

题东坡小像①

乌台十卷青蝇案②，炎海三千白发臣③。

人尽不堪公转乐，满头明月脱纱巾。

叹　世

富贵荣华莫强求，强求不出反成羞。

有伸脚处须伸脚，得缩头时且缩头。

地宅方圆人不在，儿孙长大我难留。

皇天老早安排定，不用忧煎不用愁。

---

① 东坡，即苏轼（1036—1101），字子瞻，号东坡居士。北宋大文学家。

② 乌台，即御史台，是弹劾官吏的监察机关。青蝇案，谗言所造成的案件，此指乌台诗案。元丰二
　　年（1079），苏轼在诗中诽谤朝廷，下御史台狱，世称"乌台诗案"。青蝇，偷进谗言的小人。

③ 炎海，指南海炎热地区。苏轼晚年曾被贬海南。

警世（八首选一）

措身物外谢时名①，着眼闲中看世情。

人算不如天算巧，机心争似道心平②。

过来昨日疑前世，睡起今朝觉再生。

说与明人应晓得，与愚人说也分明。

失题（八首选二）

秋来纨扇合收藏，何事佳人重感伤？

请把世情详细看，大都谁不逐炎凉。

梧桐栽向小轩前，万斛秋声伴醉眠。

落叶点阶凭拾取，剪圭封作散神仙③。

---

① 措身物外，置身于功名利禄之外，不以世俗的功名为意。

② 机心，机巧之心，指互相争名夺利之心。争似，怎似。道心，得道者淡泊功名之心。

③ 剪圭，剪成圭形。圭，朝版。散神仙，道教指在仙界没有官职的仙人。此指不求名利的人。

风雨浃旬，厨烟不继，涤砚吮笔，萧条若僧，因题绝句八首，奉寄孙思和

（录一）

领解皇都第一名①，猖披归卧旧茅衡②。

立锥莫笑无余地，万里江山笔下生。

言　志

不炼金丹不坐禅③，不为商贾不耕田④。

闲来写幅青山卖，不使人间造孽钱⑤。

---

① 领解，乡试考中。皇都，即京都。此指南京。第一名，指唐寅在弘治十一年（1498）在南京中乡试第一名。

② 猖披，衣不结带，散乱不整。茅衡，指简陋的住地。

③ 金丹，古代方士炼黄金为金液，炼丹砂为还丹，称为金丹。坐禅，僧尼佛教徒修行功课，每天定时静坐，排除杂念，修心养性。

④ 商贾（音古），商人。在古代，行商为商，坐商为贾。

⑤ 造孽（音涅），做恶事。

伯虎绝笔①

生在阳间有散场②，死归地府也何妨。

阳间地府俱相似，只当飘流在异乡③。

踏莎行

闺　情

春

　　可怪春光，今年偏早，闺中冷落如何好？因他一去不归来，愁时只是吟芳草。　　奈尔双姑，随行随到，其间况味予知道。寻花趁蝶好光阴，何须步步回头笑？

---

①绝笔，止笔不书，多指人临死前的遗笔。

②散场，指生命终结。

③飘流，比喻人到处流浪。亦作漂流。

江南春

　　梅子堕花荄孕笋①，江南山郭朝辉静。残春鞋袜试东郊，绿池横侵红桥影。古人行处青苔冷，馆娃宫锁西施井。低头照井脱纱巾，惊看白发已如尘。　　人命促，光阴急，泪痕渍酒青衫湿。少年已去追不及，仰看乌没天凝碧。铸鼎铭钟封爵邑，功名让与英雄立。浮生聚散是浮萍，何须日夜苦蝇营②？

过秦楼

题莺莺小像

　　潇洒才情，风流标格，脉脉满身慵倦。修荐斋场，禁烟帘箔，坐见梨花如霰。乘斜月，赴佳期，烛烬墙阴，钗敲门扇。想伉俪鸾皇，万千颠倒，可禁娇颤？　　尘世上，昨日朱颜，今朝青冢③，顷刻时移事变。秋娘命薄，杜牧缘悭④，大不与人方便。休负良宵，大都好景无多，光阴如箭。闻道河东普救⑤，剩得数间荒殿。

①荄，草根。此指竹根。

②蝇营，像苍蝇一样营营往来。比喻不顾廉耻，到处钻营。

③青冢，本指王昭君的墓。此泛指坟墓。

④秋娘二句，秋娘，即杜秋娘，唐代金陵（今南京）人。年十五为李锜妾。元和间李锜反叛，被杀，秋娘籍没入宫，有宠于宪宗。宪宗死后，穆宗即位，命秋娘为皇子璋五的傅母。后璋五获罪被废削，秋娘终得赐归故乡，穷老以终。杜牧路过金陵时，曾作有《杜秋娘》诗并序。缘悭，缘分薄，无缘。

⑤河东，指河东郡，即今山西运城。普救，指普救寺，崔莺莺与张生的恋爱故事就是在这里发生的。

一剪梅

雨打梨花深闭门。孤负青春①，虚负青春。赏心乐事共谁论，花下销魂②，月下销魂。　　愁聚眉峰尽日颦③。千点啼痕，万点啼痕④。晓看天色暮看云，行也思君，坐也思君。

惜梅赋

县庭有梅株焉⑤，吾不知植于何时。荫一亩其疏疏，香数里其披披，侵小雪而更繁，得陇月而益奇⑥。然生不得其地，俗物混其幽姿，前胥吏之纷挐⑦，后囚系之嘤咿⑧。虽物性之自适，揆人意而非宜。既不得荐嘉实于商鼎⑨，效微劳于魏师⑩；又不得托孤根于

---

① 孤负，犹辜负。孤，有负，辜负。青春，此指春景。

② 销魂，形容悲伤愁苦的情状。

③ 颦，皱眉。

④ 啼痕，泪痕。

⑤ 县庭，县衙的庭院。

⑥ 陇月，陇上之月。

⑦ 纷挐（音努），混乱貌。

⑧ 囚系，囚徒。嘤咿，痛苦呻吟声。

⑨ 商鼎，商代的炊器。

⑩ 魏师，三国时魏国的军队。此用曹操望梅止渴故事。

竹间，遂野性于水涯①。怅驿使之未逢②，惊羌笛之频吹③；恐飘零之易及，虽清绝而安施。客犹以为妨贤也，而讽余以伐之④。嗟夫！吾闻幽兰之美瑞，乃以当户而见夷⑤，兹昔人之所短，顾仁者之不为。吾迁数步之行，而假以一席之地，对寒艳而把酒⑥，嗅清香而赋诗可也。

姑苏寒山寺化钟疏

木铎徇于道路⑦，周官所以警其顽愚；铜钟司其晨昏，释氏所以觉夫灵性。解魔王之战斗，上振天宫；缓众生之悲酸，下闻地狱。所以提婆尊者现神通而外道无言，本寂禅师悟真筌而古德赞颂⑧。实名法器，厥号大音。本寺额号寒山⑨，建始普明。殿宇粗备，铜钟未成。月落乌啼，负张继枫桥之句⑩；雷霆鼓击，愧李白化城之铭⑪。

---

①遂，顺。

②驿使，驿站传达文书的人。

③羌笛，古代羌族乐器。笛曲有《落梅花》《梅花三弄》等。

④讽，劝说。

⑤夷，删除。

⑥寒艳，指梅花。

⑦木铎，木舌的铃。古代施行政教、传布命令时用以振鸣惊众。

⑧真筌，即真诠，犹真谛、真义，指对经典的正确解释。

⑨额，门额，牌匾。

⑩月落二句，用唐张继《枫桥夜泊》诗意："月落乌啼霜满天，江枫渔火对愁眠。姑苏城外寒山寺，夜半钟声到客船。"

⑪雷霆二句，用李白《化城寺大钟铭》文意："噫！天以震雷鼓群动，佛以鸿钟惊大梦。而能发挥沉潜，开觉茫蠢，则钟之取象，其义博哉！"

今将鼓洪炉以液精金①，范土泥而铸大乐。举兹盛事，用叩高贤。增壮山门，惟祈乐施。启千门之晓，潜蛰皆兴；夙万户之昏，鱼龙尽息。庄严佛土，利益人天。慧日增明，福田不薄。以兹疏告，仰冀垂明。偈曰："姑苏城外古禅房，拟铸铜钟告四方。试看脱胎成器后，一声敲下满天霜。"

---

① 精金，指精炼的金属。

「若水古社」高高国际国学品牌

高高国际

唐伯虎画传：他在繁华中独自前行

出 品 人	高 欣	品牌运营	孙 莉
出版统筹	孙广宇 陈 静	销售总监	彭美娜
执行编辑	万雄飞	营销编辑	王晓琦
装帧设计	高高国际	版式编辑	周 芳
制作编辑	李 雁		

微信公号 | 高高国际
天猫旗舰 | 高高图书专营店
直销服务 | 010-65709800

法律顾问 | 北京东合律师事务所 郝云峰 律师